特殊儿童行为观察与个别化支持

主编 展慧玲 张 婷 顾丽霞

重庆大学出版社

图书在版编目（CIP）数据

特殊儿童行为观察与个别化支持 / 展慧玲，张婷，
顾丽霞主编. -- 重庆：重庆大学出版社，2025.1.
(特殊教育实用新型教材). -- ISBN 978-7-5689-5087-9

Ⅰ. G76

中国国家版本馆CIP数据核字第2024KF3353号

特殊儿童行为观察与个别化支持
TESHU ERTONG XINGWEI GUANCHA YU GEBIEHUA ZHICHI

主　编　展慧玲　张　婷　顾丽霞

策划编辑：陈　曦

责任编辑：姚　颖　　版式设计：陈　曦

责任校对：王　倩　　责任印刷：张　策

*

重庆大学出版社出版发行

出版人：陈晓阳

社址：重庆市沙坪坝区大学城西路21号

邮编：401331

电话：（023）88617190　88617185（中小学）

传真：（023）88617186　88617166

网址：http://www.cqup.com.cn

邮箱：fxk@cqup.com.cn（营销中心）

全国新华书店经销

重庆正文印务有限公司印刷

*

开本：787mm×1092mm　1/16　印张：22.75　字数：407千

2025年1月第1版　2025年1月第1次印刷

ISBN 978-7-5689-5087-9　定价：68.00元

总 序

党和国家一直高度重视特殊教育发展，近年来一系列政策的出台更加凸显了特殊教育在国家教育事业发展中的位置。党的二十大擘画新时代教育蓝图，"强化特殊教育普惠发展"彰显着社会主义教育体系的温度与担当。《"十四五"特殊教育发展提升行动计划》明确指出要深化特殊教育课程教学改革，加强特殊教育教材建设。新时代新征程，特殊教育发展已驶入快车道，这对特殊教育人才培养也提出了更高要求。

山东特殊教育职业学院作为一所专门培养特殊教育人才的高等职业院校，始终坚持以服务特殊教育事业发展为己任，紧跟国家政策导向，紧密结合行业需求，积极推进专业建设和教学改革。为适应新时代特殊教育发展新趋势，满足新时代复合型特殊教育专业人才培养新需求，由我们牵头，组织业内同仁共同编写了这套"特殊教育实用新型教材"。

本套教材的编写，立足于山东特殊教育职业学院高水平学科群专业建设的实际需求，紧密结合特殊教育专业人才培养目标，注重理论与实践相结合，突出实用性和可操作性。教材内容涵盖了特殊教育领域的最新理论研究成果、实践经验和发展趋势，力求反映特殊教育学科发展的前沿动态，为高职学生提供系统、全面、实用的专业知识体系。

为确保教材质量，我们组建了一支高水平的编写团队。团队由本校年轻骨干教师、外聘专家教授、兄弟院校学者共同组成。其中，本校年轻骨干教师具有丰富的教学经验和实践经验，能够准确把握学生的学习需求和特点；外聘专家教授在特殊教育领域具有深厚的学术造诣和丰富的实践经验，能够为教材编写提供权威指导；兄弟院校学者则能够带来不同的视角和经验，促进教材内容的丰富和完善。编写团队充分发挥各自优势，精诚合作，力求打造一套理念先进、内容科学、结构合理、特色鲜明的精品教材。

特殊教育事业是一项充满爱心和希望的事业，特殊教育教材建设是一项长期而艰巨的任务。我们将以本套教材的出版为契机，持续深化特殊教育教材建设，一方面，密切关注行业动态与前沿知识，不断更新教材内容，确保知识的时效性与实用性；另一方面，积极探索创新教材形式，借助多元技术手段，让教材更贴合特殊教育需求，更具吸引力与实用性。丛书力求为提升特殊教育人才培养质量筑牢根基，为推动特殊教育事业迈向高质量发展的新高度，贡献源源不断的磅礴力量！

山东特殊教育职业学院

2025 年 1 月

前　言

党的二十大提出的建设高质量教育体系、促进教育公平、强化特殊教育普惠发展等重要论述和战略部署，为新时代特殊教育的改革发展指明了方向并提出了新要求。特殊教育在国家事业发展中的重要性更加凸显。教育部 2021 年颁布《"十四五"特殊教育发展提升行动计划》提出以"适宜融合"为目标的高质量特殊教育体系，学前融合教育成为特教领域新业态。教材是解决"培养什么人、怎样培养人、为谁培养人"这一根本问题的重要载体。职业教育教材建设作为高质量教材体系重要组成部分，服务教育高质量发展和教育强国建设。

本教材聚焦"普特融合、康教融汇"特殊教育和学前融合教育行业新业态，依据《特殊教育教师专业标准（试行）》《特殊教育专业师范生教师职业能力标准（试行）》《教师数字素养》，以《0～6岁儿童发展里程碑》《3～6岁儿童学习与发展指南》为指导，融合特殊教育和学前教育领域相关内容，为培养复合型高素质特殊教育和学前融合教育人才培根铸魂，启智润心。

教材内容

本教材对接特殊教育教师和学前融合教师岗位要求，针对特殊儿童行为观察与个别化支持的典型工作任务，梳理出特殊儿童行为观察、解读和支持的核心技能。选取特殊教育和学前融合教育环境中的常见特殊儿童、以七种促进其发展和成功融入社会的必备行为为载体，整合八种常用观察方法，融入数字化技术，结合三阶正向行为支持模型，构建"三层次九项目"递进式教材内容，共41项任务。

层次一为体验初识，包含项目1和项目2，主要介绍行为观察的基本概念、工作流程和理论基础。

层次二为单行为单方法，包括项目3—项目8，每个项目涉及一种观察方法，分别是描述观察法、追踪观察法、永久资料法、访谈法、量表检核法和取样观察法，详细阐述每种观察方法的特点、使用技巧。每种方法对应一种特殊儿童发展与融入社会必备的核心行为，分别为情绪行为、运动技能、兴趣专长、安全行为、游戏行为和社交行为，详细阐述每种行为的特点、影响因素和支持策略。

层次三为多行为多方法，对应项目9的内容，主要介绍运用多种观察方法对孤独症、多动症和智力障碍特殊儿童的问题行为功能评估，并制定针对性的支持策略。

三个层次九个项目遵循学生的认知规律和职业成长规律，由易到难，由浅入深，助力学生循序渐进夯实职业技能。

编写特点

1. 坚持立德树人、师幼同育、培育精匠良师

本教材深入贯彻课程思政要求，践行立德树人使命，全面落实党的二十大精神，将工匠精神与教育家精神有机结合，以 "五心并育铸师魂、国学礼仪润童心"师幼双线浸润课程思政，内化特殊教育情怀，培育精匠良师。

铸师魂主线，通过融入特教名师典范、特殊儿童案例等思政元素厚植特教情怀、践行教育公平、发扬工匠精神、坚持终身学习。润童心主线以中华传统国学礼仪促进儿童中和之美、强健之体、一己之长、自控之力、嬉戏之乐、友谊之花、生态共融。师幼同育，培养"懂理论、精技能、厚师德"的卓越特殊教育教师和学前融合教师，"明

礼仪、正行为"的特殊儿童。

2. 坚持面向实践，强化能力，彰显职教特色

本教材以特殊儿童行为观察与个别化支持所学的职业能力培养为核心，每个项目均依托真实工作情境。基于特殊儿童行为观察与个别化支持的工作流程，将项目分解为探究特殊儿童典型行为、制订观察计划、实施行为观察、解读观察结果和提供适宜支持五个学习任务，系统培养学生能观察，精通观察方法的观察计划制订能力；善观察，看见特殊儿童的行为观察实施能力；读观察，看懂特殊需求的观察结果解读能力；用观察，促进适宜融合的正向行为支持能力。

3. 深度产教融合、四师协同、对接产业升级

高等职业院校专任教师、儿童康复机构康复师、融合幼儿园融合教师、课程思政教师组成教材编写团队，校园康复多方联动，四师协同。校企多元教材编写团队共同推动产教深度融合。编写团队覆盖特殊教育领域、学前教育领域、儿童康复领域，跨领域合作、多学科融通，培养精通特殊教育和学前教育的复合型高素质特殊教育教师和学前融合教师。

顺应特殊教育和融合教育产业升级和技术变革趋势，融入教师数字素养新标准、学前融合教师能力培训新标准、正向行为支持新方法、数字化观察新技术，特殊教育和学前教育专业技能大赛、特殊教育和学前教育教师资格证相关标准，实现"岗课赛证"综合育人。

4. 依托精品课程、数智赋能、丰富教材资源

本教材依托省级职业教育在线精品课程项目，课程平台集成了与教材配套的文本、表格、图片、微课、动画、虚拟仿真等多模态数字化资源。其中，"项目情境"部分以卡通动画的方式直观形象地呈现真实工作情境中不同类型特殊儿童的行为表现；"学习地图"部分以思维导图形式清晰呈现学习路径；"任务储备"部分，以二维码方式

呈现理论知识及核心技能讲解、示范微课和教学课件；"要点示范"部分以文字、案例、表格、图片等多种方式示范技能要点；"任务评价"部分以表格形式梳理评价标准，方便检核。

本教材由山东特殊教育职业学院、济南幼儿师范高等专科学校、贵阳幼儿师范高等专科学校、贵州师范学院、济南市启明星儿童康复中心、梦翔儿童发展中心和济南市历下区锦屏幼儿园等共同编写。其中展慧玲、张婷、顾丽霞担任主编，负责全书策划、统稿以及项目1和项目3的编写等工作，陈西梅、李小婷、孔嘉颖担任副主编，李国伟负责项目2任务1的编写，刘文娟负责项目2任务2、3、4的编写；李小婷负责项目4的编写；孔德涛、王冬媛负责项目5的编写，陈西梅负责项目6的编写，王鑫、史书雪负责项目7的编写，田婧、孔嘉颖负责项目8的编写，贺曦负责项目9的编写。

在本教材的编写过程中，我们参考了大量文献资料、借鉴了很多学者的观点，在此表示深深的谢意。本教材在编写过程中也得到了重庆大学出版社的鼎力支持，在此一并表示感谢。由于编者水平有限，本教材难免存在不足之处，恳请广大读者批评指正！

编者

2024 年 8 月

目　录

项目一　整体感知——体验流程

项目情境

不一样的爸爸和妈妈

爸爸妈妈接5岁的小明放学回家，突然一个路人牵着一只大狗从对面走过来，那只大狗朝着小明汪汪大叫。小明哭着躲在妈妈的背后，妈妈很生气地对他说："狗拴着呢，男子汉、大丈夫，怕什么狗，真没用！"

这时候，爸爸走过来，看见小明仍是恐惧地躲在妈妈背后哭泣，就说："孩子妈，你蹲下来看看这只狗好吗？"

当妈妈一蹲下来，刚好与小明一样高度，这时她也吓了一跳，心想：这狗，可真不小，简直就像一只大狼狗。难怪孩子会害怕。于是妈妈赶紧把小明搂在了怀里。

案例改编自：蔡春美.儿童行为观察与记录［M］.上海：华东师范大学，2021：2.

融合教师有话说

观察儿童行为是理解儿童的第一步，我们一定不要以"大人之心，度儿童之腹"。尤其，对于特殊儿童来说，由于他们的认知水平、理解能力、表达能力有限，他们更容易以问题行为的方式表达自己的需求，所以科学的观察对于读懂特殊儿童，支持特殊儿童尤为重要。

📋 学习目标

素质目标

1. 通过了解融合教育的相关政策文件增强责任担当意识。

2. 通过了解行为与环境的关系树立和合共生的价值理念。

能力目标

1. 能分析案例中的观察过程四要素。

2. 能掌握儿童行为观察与个别化支持的工作流程。

知识目标

1. 了解观察及行为的定义。

2. 掌握儿童行为观察的要点。

📋 学习地图

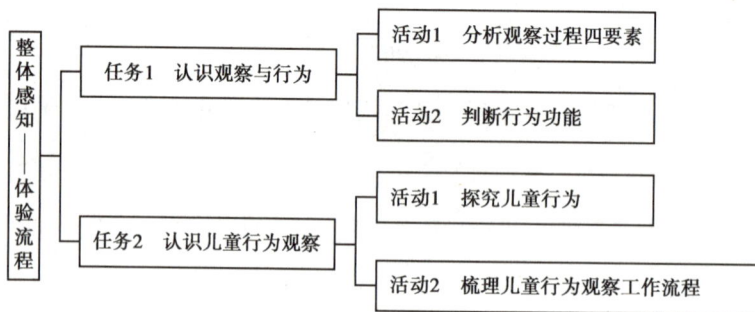

📋 感悟内涵

【铸师魂】责任担当

国学语录

和实生物，同则不继。——《国语·郑语》

释义：意为不同因素和谐相融，万物方能孕育生发。

"和合"之境是中华民族千百年来追求的理想境界。"和合"理念强调不同群体间的尊重和友爱。每一个儿童都是独一无二的，特殊需要儿童更是千差万别。作为特殊教育工作者，要肩负起促进所有儿童的和合共生，和谐相处的重任。

【省思感悟】

阅读《特殊教育专业师范生教师职业能力标准（试行）》和《幼儿园保教指南》，文件中对"观察能力"的描述对你的实际工作有什么启示？

_____

_____

⭐ 项目建组

请4～6人自由组队，分工协作完成本项目的学习、记录和评价。具体要求如下：

1. 每组内需要有一名组长，组员每人均承担一定任务。

2. 确定组名。

3. 记录建组过程中遇到的困难和解决的措施。

4. 填写下列分组情况表格。

表 1-1 项目一建组情况

组名		组长姓名		组长学号	
组员姓名	组员学号	承担任务			备注
遇到的困难					
解决措施					

任务1 认识观察与行为

任务目标

1. 理解观察及行为的定义。

2. 了解日常观察与专业观察的区别。

3. 能分析案例中的观察过程四要素。

4. 能分析案例中的四期后效关联。

5. 能判断儿童行为的功能。

任务描述

活动1 分析观察过程四要素。

活动2 判断行为功能。

任务准备

【知识储备】

1. 扫码学习认识观察基础知识

 微课 认识观察

 PPT 认识观察

2. 扫码学习认识行为基础知识

 微课 认识幼儿行为

 PPT 认识幼儿行为

![任务实施图标]任务实施

活动 1　分析观察过程四要素

阅读下列案例，分析案例中胡老师的观察过程，参与讨论，确定观察过程四要素。

案例

户外游戏时间，大三班的胡老师注意到，沙水区的小朋友你来我往，玩得很尽兴。只有刚转来的小 A 独自蹲在沙池中间的一条沟壑边，舀水里的泡沫，和周围的小朋友没有任何互动。一般来说，儿童在 5 岁以后就会出现更多的合作游戏，更能关注同伴的言行、需求和反应。所以，独来独往的小 A 引起了胡老师的注意。于是，胡老师的注意力就集中在小 A 身上。她发现小 A 右手拿着一个洼兜式的小铲子，一边舀着泡沫，一边自言自语："我们把泡沫弄乱（烂）吧！"连续说了四遍。接着，小 A 起身到下游，站着弓下腰，垂直右臂用小铲子把泡沫往上游推。走了几步，一边自言自语"我们把泡沫弄乱（烂）吧"，一边蹲下来，换左手拿小铲子。胡老师猜测，小 A 可能更专注于泡沫，对周围同伴的关注过少。

这时，一个穿肉色上衣的小女孩拿着一个蓝色的小碗蹲在了小 A 的对面（沟壑的另一边）。小 A 抬头看了她一眼，继续舀泡沫。小女孩左手拿碗，把碗伸到小 A 的小铲子底下，说："给我点儿泡沫"。但是，小 A 舀起泡沫后又倒回到沟壑里，没有理会小女孩。小女孩换了右手拿碗，继续试图接小 A 铲子里的泡沫。这次，小 A 绕开她的碗，仍然把泡沫倒回到沟壑里。女孩如此近距离地与小 A 互动，小 A 都没有回应，看来他真的是过于关注泡沫，缺少对周围同伴的关注。

（案例内容来自山东省济南市历下区锦屏幼教集团）

【步骤 1】确定观察始于何时

胡老师的观察从何时开始？（可以用案例原话回答）

_____

_____

【步骤 2】确定观察的对象与背景

胡老师观察了什么？

_____

_____

【步骤 3】确定观察得出的判断和结论

胡老师的初步判断是：

_____

胡老师的最终结论是：

_____

【步骤 4】判断是否有主观介入

胡老师判断和得出结论的过程是否掺杂了个人情感、价值观等主观因素？

□是　　　　　　　　　　　　　　□否

若选择是，案例中哪里体现了主观介入：

_____

_____

要点示范

　　一位老人悠闲地在海边散步，欣赏着大自然的美景。沙滩上跑来了一群嬉戏的孩子，她的注意力转移并集中在这群孩子身上，因为孩子们清脆的笑声、灿烂的笑容触动了她的童年回忆。她开始了对孩子们游戏行为的观察。

　　不久，她的注意集中在某个孩子身上，因为这个孩子很活泼，与多数孩子都有互动，所以她猜想那孩子应该是这群孩子的领袖。

　　她又继续观察那个孩子与其他孩子的互动模式，发现大多数孩子的行为都依从于那个孩子。这正验证了她最初的猜测。

　　案例来源：黄意舒.儿童行为观察法与应用［M］.新北：心理出版社，1996：84.

　　1.确定观察始于何时

　　她的注意力转移并集中在这群孩子身上……不久，她的注意力集中在某个孩子身上……

2. 确定观察的对象与背景

某个孩子、那个孩子与其他孩子的互动模式。

3. 确定观察得出的判断和结论

初步判断：她猜想那个孩子应该是这群孩子的领袖。

最终结论：这正验证了她最初的猜测。

4. 判断是否有主观介入

孩子们清脆的笑声、灿烂的笑容触动了她的童年回忆。

【职业伦理】

《特殊教育教师专业标准（试行）》在"专业理念和师德维度"中指出要"认同特殊教育教师职业的专业性、独特性和复杂性"。

※ **任务提示**

行为观察能力是特殊教育专业教师最核心的专业能力之一。在完成上述任务的过程中，要从专业的角度分析观察过程四要素。

活动 2　判断行为功能

任选一案例，分析案例中儿童行为的四期后效关联进而判断行为功能。

案例 1

欢欢是一个精力旺盛，非常活跃的孩子，无法安坐 5 分钟以上，而且不喜欢讲故事的活动。每当老师组织小朋友围成一个圆圈听故事时，欢欢会频繁地离开，当老师把他重新领回阅读区时，他会反抗，哭闹，为了能让他安静下来，老师会让他在游戏区玩玩具。

案例 2

文文在玩乐高积木，他的手部力量不够强大，尝试了好几次都无法把两块积木拼

7

插在一起，他把手里的积木狠狠地扔到地上，并且大声哭了起来，老师听到后，立刻走到他身边，帮他把积木拼了起来，他停止了哭泣。

案例 3

帅帅在家里午休的时候，奶奶都会在旁边陪着睡。但是，在幼儿园午休时都是她自己一个人睡在小床上，她经常睡着睡着，突然哭了起来，这时老师会来到她身边，轻轻拍拍他，她又睡着了。

案例 4

今天孩子们在操场上活动的时候，明明一个人站在操场边跑来跑去。他看见彤彤在玩沙子，就跑过去拽住了彤彤头上的蝴蝶结，彤彤皱眉，回头推了他一下，明明看着彤彤大笑起来。

【步骤 1】撰写行为四期后效关联

将所选案例中儿童的行为、环境事件、前因和后果填在下列表格中。

表 1-2　行为四期后效关联

环境事件	前因	行为	后果
		行为功能：	

要点示范

案例

豆豆，3 岁，刚进幼儿园。最近妈妈刚刚换了工作，在家陪豆豆的时间很少。自从妈妈换了工作之后，豆豆每天来上学的时候都不愿意妈妈离开。一直说"妈妈不走"，并且哭泣，时间会长达半个小时。很多时候妈妈都会被迫留下来陪他很长时间。

（案例来源：梦翔儿童发展中心）

1. 先确定行为：说"妈妈不走"，并且哭泣长达半个小时。

2. 然后确定问题行为前后事件：

行为前：在幼儿园门口，妈妈离开。

行为后：妈妈陪伴。

3. 最后确定环境事件：刚入园，妈妈换工作陪伴少。

表 1-3　行为四期后效关联范例

环境事件	前因	行为	后果
刚入园，妈妈换工作陪伴少	在幼儿园门口,妈妈离开	说"妈妈不走",并且哭泣长达半个小时	妈妈陪伴

【步骤2】判断行为功能

请依据行为四期后效关联，判断所选案例中儿童行为的功能，并填入表 1-2 的相应位置。

要点示范

表 1-4　行为功能及常见情境

行为功能	常见情境
获得实物、活动	提供物品会停止行为的发生
寻求关注	个体缺乏技能，无法用合适的方式获得关注 环境中的其他人忙于其他事务
逃避任务、活动、要求	中止或延后不喜欢的任务、活动或要求停止行为的发生
获得感官刺激	任何情境下都做出该行为

【职业伦理】

《特殊教育教师专业标准（试行）》在"专业能力"中指出"多视角、全过程评价学生发展状况"。

※ 任务提示

在表 1-2 判断儿童行为功能时，要从行为发展的完整脉络出发，确定影响行为的环境因素，才能正确判断行为功能。

任务评价

任务完成后，依据表1–5对学习过程进行评价。

表1–5　"认识观察与行为"任务评价表

指标	内容		分值	自我评价	组内互评	教师评价
任务准备	观看微课		10			
	完成自学反馈		5			
任务实施	活动1	观察始于何时描述准确	5			
		观察对象和背景描述准确	5			
		观察判断与结论描述准确	10			
		主观介入描述准确	10			
	活动2	问题行为描述准确	10			
		前因描述准确	5			
		后效描述准确	5			
		环境事件描述准确	5			
		行为功能判断准确	10			
协作学习	积极参与		5			
	按时完成		5			
	协商合作		5			
	反思改进		5			
合计			100			
综合评价	自我评价（30%）	组内互评（40%）		教师评价（30%）		总分

技能加油站

孔子在《论语·为政篇》中说道："视其所以，观其所由，察其所安，人焉廋哉？人焉廋哉？"整句话的意思是：看一个人的所作所为，应看他言行的动机，观察他所走的道路，了解他心安于什么事情。这样，这个人就隐藏不了了。

孔子告诉我们，要想真正认识一个人，可以分为三个步骤。第一步，看一个人的行为。第二步，观察一个人的动机。第三步，考察一个人内心的真实想法。做到以上三点，对方就无法隐藏和掩饰，只能乖乖地"原形毕露"。这也说明只有通过长期观察才能界定一个人品质的好坏，而不是凭一面之缘下结论。对于儿童行为的观察，同样是长期的、深入的。

任务 2　认识儿童行为观察

📋任务目标

1. 掌握儿童行为观察的含义。

2. 了解常见问题行为的表现。

3. 熟悉儿童行为观察的工作流程。

4. 了解儿童行为观察的价值。

📋任务描述

活动 1　探究儿童行为。

活动 2　梳理儿童行为观察工作流程。

📋任务准备

【知识储备】

扫码学习认识儿童行为观察基础知识。

| 微课 | [二维码] 儿童行为观察 | PPT | [二维码] 儿童行为观察 |

📋任务实施

活动 1　探究儿童行为

【步骤 1】探究动作领域目标

依据《3～6 岁儿童学习与发展指南》（以下简称《指南》）中动作领域目标，尝试观察你实习或所任教班级的一名儿童在户外活动中的表现，在表 1–6 中填写观察到的行为。

表 1-6　动作领域观察行为

儿童年龄		儿童性别	
儿童表现		《指南》目标	

要点示范

表 1-7　《指南》动作领域目标 1

3～4 岁	4～5 岁	5～6 岁
1. 能沿地面直线或在较窄的低矮物体上走一段距离 2. 能双脚灵活交替上下楼梯 3. 能身体平稳地双脚连续向前跳 4. 分散跑时能躲避他人的碰撞 5. 能双手向上抛球	1. 能在较窄的低矮物体上平稳地走一段距离 2. 能以匍匐、膝盖悬空等多种方式钻爬 3. 能助跑跨跳过一定距离，或助跑跨跳过一定高度的物体 4. 能与他人玩追逐、躲闪跑的游戏 5. 能连续自抛自接球	1. 能在斜坡、荡桥和有一定间隔的物体上较平稳地行走 2. 能以手脚并用的方式安全地爬攀登架、网等 3. 能连续跳绳 4. 能躲避他人滚过来的球或扔过来的沙包 5. 能连续拍球

表 1-8　《指南》动作领域目标 2

3～4 岁	4～5 岁	5～6 岁
1. 能双手抓杠悬空吊起 10 秒左右 2. 能单手将沙包向前投掷 2 米左右 3 能单脚连续向前跳 2 米左右。 4. 能快跑 15 米左右 5. 能行走 1 千米左右（途中可适当停歇）	1. 能双手抓杠悬空吊起 15 秒左右 2. 能单手将沙包向前投掷 4 米左右 3. 能单脚连续向前跳 5 米左右。 4. 能快跑 20 米左右 5. 能连续行走 1.5 千米左右（途中可适当停歇）	1. 能双手抓杠悬空吊起 20 秒左右 2. 能单手将沙包向前投掷 5 米左右 3. 能单脚连续向前跳 8 米左右 4. 能快跑 25 米左右 5. 能连续行走 1.5 千米以上（途中可适当停歇）

表 1-9　动作领域观察行为范例

儿童年龄	3 岁 5 个月	儿童性别	女
儿童表现		《指南》目标	
未抓扶手双脚交替走完 6 级台阶去滑滑梯		目标 1.2	

【步骤 2】探究社会交往领域目标

依据《指南》中社会交往领域目标，尝试观察你实习或所任教班级的一名儿童在区域游戏中的表现，在表 1-10 中写下你观察到的行为。

表 1-10　社交领域观察行为

儿童年龄		儿童性别	
儿童表现		《指南》目标	

表 1-11　《指南》社会交往领域目标

3～4 岁	4～5 岁	5～6 岁
1. 想加入同伴的游戏时，能友好地提出请求 2. 在成人指导下，不争抢、不独霸玩具 3. 与同伴发生冲突时，能听从成人的劝解	1. 会运用介绍自己、交换玩具等简单技巧加入同伴游戏 2. 对大家都喜欢的东西能轮流、分享 3. 与同伴发生冲突时，能在他人帮助下和平解决 4. 活动时愿意接受同伴的意见和建议 5. 不欺负弱小	1. 能想办法吸引同伴和自己一起游戏 2. 活动时能与同伴分工合作，遇到困难能一起克服 3. 与同伴发生冲突时能自己协商解决 4. 知道别人的想法有时和自己不一样，能倾听和接受别人的意见，不能接受时会说明理由

活动 2　梳理儿童行为观察工作流程

基于对儿童行为观察含义的理解，按照观察前、观察过程以及观察后的顺序，讨论儿童行为观察与个别化支持的工作流程，将讨论结果填写在表 1-12 中。

表 1-12　儿童行为观察与个别化支持工作流程

环节	具体任务信息
观察前	
观察中	
观察后	

【职业伦理】

《特殊教育专业师范生教师职业能力标准（试行）》在"师德践行能力"中指出"依据德智体美劳全面发展的教育方针开展教育教学，积极创造条件培育发展学生的核心素养"。

> ※ **任务提示**
>
> 《指南》以为儿童后继学习和终身发展奠定良好素质基础为目标，以促进儿童在体、智、德、美各方面的全面协调发展为核心，旨在引导教师和家长树立正确的教育观念，了解 3~6 岁儿童学习与发展的基本规律和特点，建立对儿童发展的合理预期。在进行儿童行为观察时，参考《指南》目标可以使观察更加聚焦。

任务评价

任务完成后，依据表 1-13 对学习过程进行评价。

表 1-13　"认识儿童行为观察"任务评价表

指标	内容		分值	自我评价	组内互评	教师评价
任务准备	观看微课		10			
	完成自学反馈		5			
任务实施	活动 1	动作领域目标描述准确	10			
		动作领域目标对接《指南》准确	5			
		社会领域目标描述准确	10			
		社会领域目标对接《指南》准确	5			
任务实施	活动 2	行为观察前任务准确	15			
		行为观察中任务准确	10			
		行为观察后任务准确	10			
协作学习	积极参与		5			
	按时完成		5			
	协商合作		5			
	反思改进		5			

续表

指标	内容	分值	自我评价	组内互评	教师评价
合计		100			
综合评价	自我评价（30%）	组内评价（40%）	教师评价（30%）	总分	

技能加油站

美国科学哲学家汉森提出了一个著名命题——"观察渗透理论"。这个命题对于理论在观察前、观察中和观察后的重要作用进行了阐述。汉森认为 "理论决定我们能观察到什么"，也就是说，人只能看见自己所知道的东西。因此理论在观察前就已发挥作用，体现着观察者的主动性和目的性。在观察过程中在不同的情境中观察同一事物，会得到不同的结果，因此观察前应该确定好观察的情境。观察与解释不可分离，要对观察的结果进行解释需要依赖于观察者已知的理论。总之，观察与理论是相互关联、相互渗透的。

高宏钰与霍力岩在《幼儿园教师观察能力的理论意蕴与提升路径—基于"观察渗透理论"的思考》一文中提出："观察是教师研究儿童的基本途径，理论则是教师观察儿童的必要条件。"作为一名学前融合教师，在进行特殊儿童的行为观察与个别化支持的过程中，我们要将观察与融合教育理论、一般儿童发展理论、特殊儿童发展理论等相关理论，建立联系。使用已有的理论指导观察，通过观察验证已有理论，最终用科学的方法促进特殊儿童的融合。

项目二　有理有据——知识储备

融爱幼儿园简介

欢迎来到融爱幼儿园！这里有七朵可爱的小花。第一朵小花叫小融，一般发展的男孩，比较安静，但是情绪不稳定，爱哭。第二朵小花叫小爱，轻度智力障碍儿童，配合性好，但是动作迟缓、平衡性差。第三朵小花叫小和，高功能孤独症，观察力强、喜欢画画、痴迷恐龙。第四朵小花叫小育，多动及注意力缺陷，有礼貌、过度活跃、爱冒险。第五朵小花叫小如，中度孤独症儿童，专注、固执、刻板。第六朵小花叫小美，高功能孤独症，安静、常独处、少互动。第七朵小花叫小风，语言发育迟缓，动作灵活、少语言、急躁。

融合教师有话说

融爱共生、和合共育、读懂儿童、精准支持。我们走在融合教育的路上，似暖阳，如清风，让每一朵花更美。期待您的加入……

学习目标

素质目标

1.培养理实结合的职业意识。

2.树立以人为本、尊重生命的人道主义精神。

能力目标

1.能从《指南》中选取观察目标和支持策略。

2.能从儿童发展整体观出发分析儿童行为表现。

3.能用常见的儿童发展理论解读儿童行为表现。

4.能举例说明正向行为支持策略。

知识目标

1.了解融合教育的含义、特点。

2.理解行为的基本功能。

3.了解《指南》的组成。

4.了解儿童发展整体观的含义。

5.了解常见的儿童发展理论的含义。

6.了解正向行为支持的概念、层级和模型。

学习地图

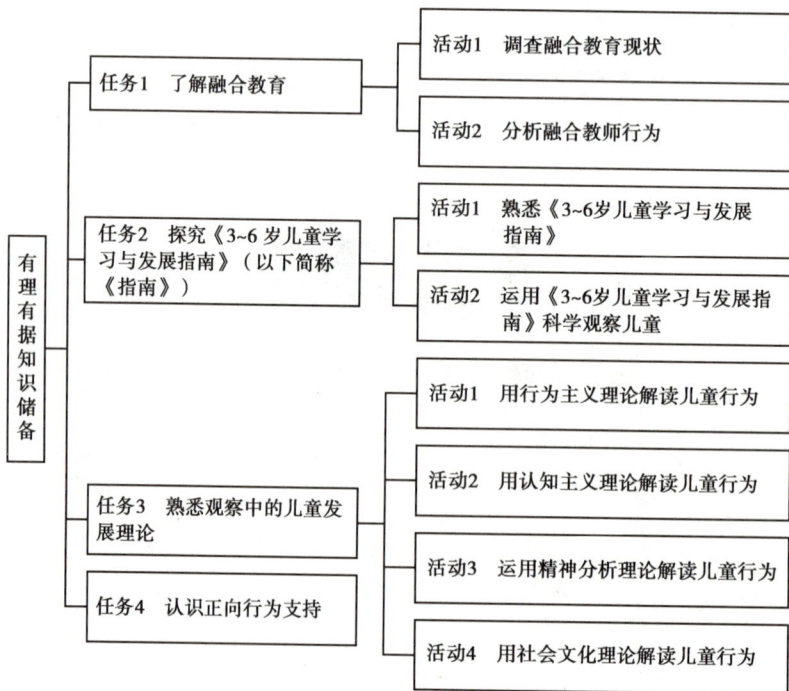

感悟内涵

【铸师魂】悦纳儿童

> **国学语录**
>
> 济大事者，必以人为本——《三国志·蜀书·先主传》。

意思是说，如果想要成就伟大的事业，就必须以人民作为根本。"以人为本"注重人的生命与价值，这是中华传统文化的基本精神。

【省思感悟】

查阅感动中国年度人物特教老师的事迹，参与下列讨论：

这些优秀的特教老师的身上体现了哪些特教人的职业精神？

_____

_____

项目建组

请4～6人自由组队，分工协作完成本项目的学习、记录和评价。具体要求如下：

1. 每组内需要有一名组长，组员每人均承担一定任务。

2. 确定组名。

3. 记录建组过程中遇到的困难和解决的措施。

4. 填写下列分组情况表格。

表2-1　项目二建组情况

组名		组长姓名		组长学号	
组员姓名	组员学号	承担任务			准备

续表

遇到的困难					
解决措施					

任务 1　了解融合教育

任务目标

1. 了解学前融合教育的定义及意义。

2. 掌握学前融合教育的特点。

3. 理解融合教师的作用。

任务描述

活动 1　调查融合教育现状。

活动 2　分析融合教师行为。

任务准备

【知识储备】

扫码学习了解融合教育基础知识。

微课	[二维码] 了解融合教育	PPT	[二维码] 了解融合教育

任务实施

活动 1　调查融合教育现状

【步骤 1】确定调查内容

回顾微课中融合教育的基础知识, 收集相关文献, 确定调查内容, 填入下列方框中。

（方框）

要点示范

根据曾振华在《幼儿园融合教育现状及对策》一文的研究，可以将调查内容划分为如下维度：

幼儿园融合教育理念的认知与落实情况；

幼儿园融合环境配套情况；

幼儿园融合教育课程建构情况；

幼儿园融合教育师资培养情况；

幼儿园融合教育社会支持情况。

【步骤 2】确定调查对象

在你所实习或任教的城市选择多所幼儿园开展调查。

【步骤 3】撰写调查总结

梳理调查结果，总结你的发现和感受，请填在下列方框中。

（方框）

【职业伦理】

《特殊教育教师专业标准（试行）》在"专业能力"中指出要"针对特殊教育教学工作中的现实需要与问题，进行教育教学研究……"

※ 任务提示

在确定调查内容时，要针对融合教育现实需要与问题进行反思总结。

活动 2　分析融合教师行为

根据你对融合教育的理解，参考"要点分析"中的融合教师角色，分析下列案例中融合教师的行为并提出合理建议。

【步骤 1】阅读案例

儿童姓名：珂珂　性别：男　年龄：3 岁 4 个月

班级：幼儿园小一班　观察者：孙老师

珂珂，在幼儿园小班，入园后老师便观察到孩子与其他小朋友有明显不同，如：没有口语表达、不参与互动、不能安坐、对于老师的指令没有反应等。随后老师与家长沟通儿童情况，建议儿童到机构进行训练，家长表示还是想让孩子上普通幼儿园。

鉴于珂珂的情况，幼儿园园长寻求资源中心巡回指导教师孙老师的帮助。孙老师观察到珂珂大部分时间在教室或者户外没有目的的到处游荡。只要保证孩子处于安全的情况，班级老师不会过多关注珂珂。

孙老师建议配班老师能对珂珂进行适当的协助，但老师以班级孩子多为由，表示无法做到。集体教学活动中孙老师建议在活动设计时选择相对简单的目标鼓励珂珂参与或辅助珂珂参与活动，班级老师说："他什么都不会，提问也没用。"

（资料来源：济南市启明星儿童康复中心巡回指导案例）

【步骤 2】根据学前融合教师的角色定义，分析融合教师行为。

_____

_____

【步骤 3】针对上述融合教师行为，给出合理的建议。

_____

_____

要点示范

融合教育教师是指在普通教育环境中，具备融合教育信念、掌握融合教育知识与技能、能够为所有儿童提供高质量教育并满足儿童不同需求的高素质教师。谢正立和邓猛在《论融合教育教师角色及形成路径》中给出了融合教育教师的角色及其对应职责（见表 2-2）。

表 2-2　融合教育教师角色及职责

融合教育教师角色	融合教师职责
融合教育环境的创设者	·教室物理环境的创设与调整。 ·心理氛围的营造。
融合教育课程的设计者	·基于儿童差异设计课程。 ·基于最少干预和最大融合灵活调整课程。
融合教育教学的实施者	·采用分层教学、弹性分组等策略实施差异教学。 ·以个别化教育计划（IEP）为依据实施个别化教学。
沟通合作的组织者	·提高与他人合作的能力，做好相关人员之间的协调。 ·提高获取支持的能力，整合相关资源为儿童提供相应的支持与服务。
研究型学习者	·不断更新知识与技能，提高教学技能。 ·增强实践中的研究能力，提升自身专业能力。

【职业伦理】

《特殊教育专业师范生教师职业能力标准（试行）》在"综合育人能力"中指出"了解随班就读和融合教育的基本知识，了解国家关于推进随班就读与融合教育的政策……梳理融合教育理念"。

※ 任务提示

在分析案例中的融合教师行为及提出策略的过程中要全面了解融合教育基础知识及融合教育理念。

任务评价

任务完成后，依据表 2-3 对学习过程进行评价。

表 2-3 "了解融合教育"任务评价表

指标	内容		分值	自我评价	组内互评	教师评价
任务准备	观看微课		10			
	完成自学反馈		5			
任务实施	活动1	调查内容符合调查目的	15			
		调查对象数量适量	5			
		调查总结逻辑条理、内容充实	15			
	活动2	融合教师行为分析准确	15			
		融合建议合理	15			
协作学习	积极参与		5			
	按时完成		5			
	协商合作		5			
	反思改进		5			
合计			100			
综合评价	自我评价（30%）	组内评价（40%）		教师评价（30%）		总分

技能加油站

表 2-4 国际融合教育发展历程

时期	阶段	主导思想
20 世纪 60 年代	融合教育思想萌芽阶段	"正常化"思潮和"去机构化"运动
20 世纪 60—90 年代	融合教育运动兴起	"回归主流"与"一体化"被视为融合教育改革运动的序曲
20 世纪 90 年代至今	融合教育国际化	1994 年《萨拉曼卡宣言》 2001 联合国教科文组织编写《全纳教育共享手册》 2019 年联合国召开"教育中的融合和公平国际论坛"

表 2-5　中国融合教育发展历程

时间	内容
20 世纪 80 年代中期	开展随班就读实验
1994 年	原国家教育委员会颁布《关于开展残疾儿童少年随班就读工作的试行办法》
2003 年	教育部颁发《全国随班就读工作经验会议纪要》首次提出
2014 年	第一期《特殊教育提升计划(2014—2016 年)》正式提出"全面推进全纳教育,使每一个残疾孩子都能接受合适的教育"的目标
2017 年	第二期《特殊教育提升计划（2017—2020 年）》进一步提出"全面推进融合教育"的战略目标
2020 年	《关于加强残疾儿童少年义务教育阶段随班就读工作的指导意见》的出台,意味着我国融合教育模式正式形成

任务 2　探究《3~6 岁儿童学习与发展指南》

任务目标

1. 理解《3~6 岁儿童学习与发展指南》对儿童行为观察的意义。

2. 熟悉《3~6 岁儿童学习与发展指南》的内容结构。

3. 学会如何根据《指南》确定观察目标。

4. 学会如何根据《指南》分析儿童行为。

5. 学会如何根据《指南》指导教师行为。

任务描述

活动 1　熟悉《3~6 岁儿童学习与发展指南》。

活动 2　运用《3~6 岁儿童学习与发展指南》科学观察儿童。

任务准备

【知识储备】

扫码学习运用指南观察儿童行为基础知识。

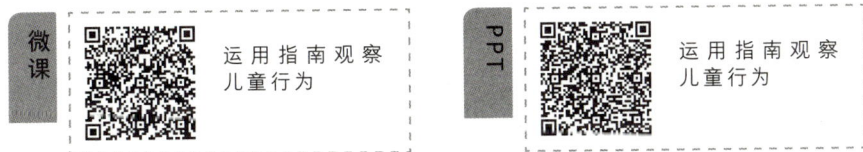

微课	运用指南观察儿童行为	PPT	运用指南观察儿童行为

任务实施

活动 1　熟悉《3~6 岁儿童学习与发展指南》

【步骤 1】了解《3~6 岁儿童学习与发展指南》的内容结构

请阅读《指南》，梳理其内容结构，填入下列方框中。

```
                    ┌──────────┐
                    │   指南    │
                    └────┬─────┘
   ┌──────────┐          │
   │儿童个体学习│◄──┌──────────┐
   │与发展最重要、│   └──────────┘
   │最基本的五个 │        │        ┌──────────┐
   │领域       │        │        │该领域中， │
   └──────────┘   ┌──────────┐──►│儿童学习与发展│
                  └──────────┘    │最重要、最基 │
   ┌──────────┐        │        │本的方面   │
   │儿童学习与发│◄──┌──────────┐   └──────────┘
   │展的方向和对│   └──────────┘
   │儿童的合理期望│       │
   └──────────┘        │
┌──────────┐  ┌──────────┐  ┌──────────┐  ┌──────────┐
│在该目标下，│◄─└──────────┘  └──────────┘─►│家长和教师可│
│各年龄段儿童普│                            │参考利用的帮助│
│遍的、重要的、│                            │儿童学习发展的│
│甚至具有关键意│                            │教育方法与途径│
│义的表现，反映│                            └──────────┘
│对儿童学习与发│
│展的具体期望与│
│要求       │
└──────────┘
```

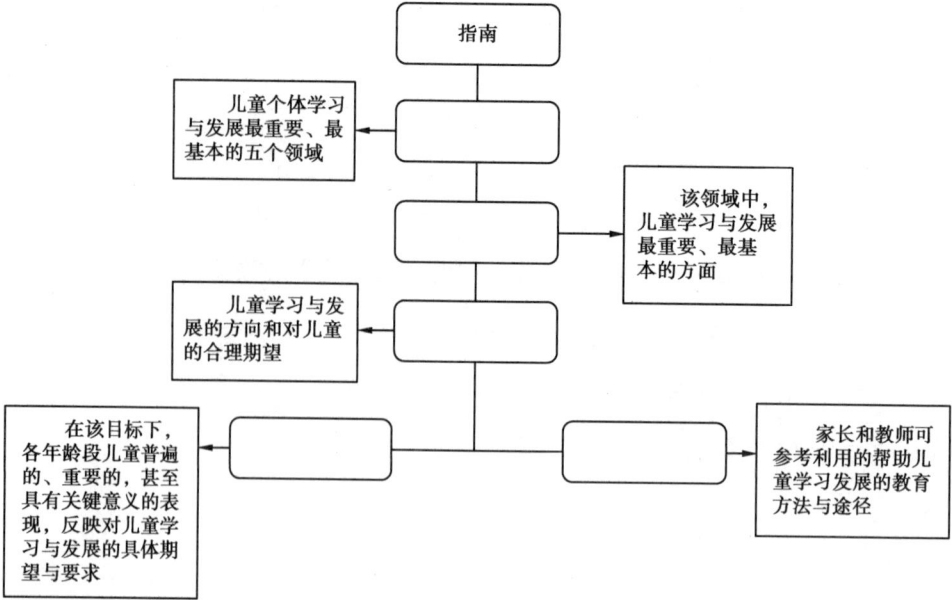

【步骤 2】熟悉各领域学习与发展目标

1. 健康领域学习与发展目标

请阅读《指南》，提取健康领域的子领域及目标的关键内容，填入表 2-6。

表 2-6　《指南》健康领域目标

领域	子领域	目标
健康		1.
		2.
		3.
		1.
		2.
		3.
		1.
		2.
		3.

2. 语言领域学习与发展目标

请阅读《指南》，提取语言领域的子领域及目标的关键内容，填入表 2-7。

表 2-7 《指南》语言领域目标

领域	子领域	目标
语言		1.
		2.
		3.
		1.
		2.
		3.
		1.
		2.
		3.

3. 社会领域学习与发展目标

请阅读《指南》，提取社会领域的子领域及目标的关键内容，填入表 2-8。

表 2-8 《指南》社会领域目标

领域	子领域	目标
社会		1.
		2.
		3.
		1.
		2.
		3.
		1.
		2.
		3.

4. 科学领域学习与发展目标

请阅读《指南》，提取科学领域的子领域及目标的关键内容，填入表 2-9。

表2-9 《指南》科学领域目标

领域	子领域	目标
科学		1.
		2.
		3.
		1.
		2.
		3.
		1.
		2.
		3.

5. 艺术领域学习与发展目标

请阅读《指南》，提取艺术领域的子领域及目标的关键内容，填入表2-10。

表2-10 《指南》艺术领域目标

领域	子领域	目标
艺术		1.
		2.
		1.
		2.

【步骤3】以社会领域为例，概括人际交往子领域的观察要点

请阅读《指南》社会领域人际交往子领域各年龄段的学习与发展目标，概括其观察要点，填入表2-11。

表2-11 社会领域观察要点

	小班	中班	大班
与人交往的意愿			

续表

	小班	中班	大班
与人交往的能力			
自尊、自信、自主的表现			
关心、尊重他人			

👤要点示范

人际交往

目标 1　愿意与人交往

3 ~ 4 岁	4 ~ 5 岁	5 ~ 6 岁
1.愿意和小朋友一起游戏。 2.愿意与熟悉的长辈一起活动。	1.喜欢和小朋友一起游戏,有经常一起玩的小伙伴。 2.喜欢和长辈交谈,有事愿意告诉长辈。	1.有自己的好朋友,也喜欢结交新朋友。 2.有问题愿意向别人请教。 3.有让人高兴的或有趣的事愿意与大家分享。

活动 2　运用《3~6 岁儿童学习与发展指南》科学观察儿童

【步骤 1】根据《3~6 岁儿童学习与发展指南》确定观察主题

明明的妈妈向老师反映明明在家吃饭总是挑食,不喜欢吃青菜,只要饭菜中有青菜就不想吃,吃饭总是慢吞吞的,自己吃一会儿就喊奶奶喂他吃,否则就不吃了。

根据《3~6 岁儿童学习与发展指南》,确定观察目标。

1.＿＿＿＿＿＿＿＿＿＿＿＿＿＿＿＿＿＿＿＿＿＿＿＿＿＿＿＿＿＿＿＿＿＿＿＿

2.＿＿＿＿＿＿＿＿＿＿＿＿＿＿＿＿＿＿＿＿＿＿＿＿＿＿＿＿＿＿＿＿＿＿＿＿

要点示范

领域 健康		领域 健康
↓		↓
子领域 二、动作发展		子领域 三、生活习惯与生活能力
↓		↓
发展目标 3.手的动作灵活协调		发展目标 1具有良好的生活与卫生习惯
↓		↓
3~4岁年龄目标 2.能熟练地用勺子吃饭		3~4岁年龄目标 3.在引导下，不偏食挑食
↓		↓
观察目标1 观察明明使用餐具的情况		观察目标2 观察明明是否存在吃饭挑食的现象

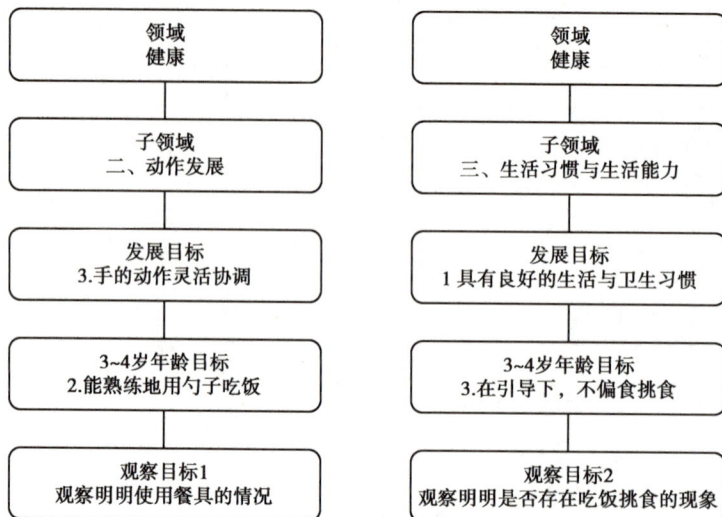

【步骤2】根据《3~6岁儿童学习与发展指南》分析儿童行为

观察记录

儿童姓名：明明　性别：男　编号：04

年龄：3岁4个月　观察日期：2016年9月6日

开始时间：11：10　结束时间：11：45

地点：幼儿园小一班　观察者：于老师

观察目标：

1.了解明明使用餐具的情况。

2.观察明明是否存在吃饭挑食的现象。

今天午餐吃的是绿豆芽和面筋塞肉，大部分孩子都在安静地独立进餐。我走到明明旁边时，看到他把小勺一直含在嘴里，不去碗里舀饭菜吃。我蹲下来问他："明明，怎么不吃饭呢？要不要吃？"明明看着我说："要吃。""那把小勺拿好，到碗里舀饭菜，好好吃。"我一边说一边把他的小勺从嘴里拿出来，放在他手里，把碗往他身边推了推。

过了一会儿，我再去看他时，发现他只是拿勺子在舀饭吃，每一勺都只舀几粒米。我说："我们吃饭要一口饭、一口菜地吃，不要光吃饭或者菜，这样才能保证营养均衡。"他看了看我，用小勺在菜碗里翻来翻去，绿豆芽被拨到了一边，他小手哆哆嗦嗦地舀起肉丸往嘴边送，小嘴刚碰到肉丸就掉下去了。如此重复两次后，我帮他把肉丸用小勺捣碎让他吃，看着他成功舀了一块碎肉丸放进嘴里后才离开。

我吃完午饭回来时，发现其他小朋友都跟着孙老师去散步了，而明明还在那里吃。他的饭已经吃完了，可是菜几乎没动。我走过去问："明明，还要吃吗？"他看着我点点头。我说："那要快一点喽，不然饭菜都凉了。"他听完后就把小勺递给我，想让我喂他吃。我把小勺放回他的手里，说："明明，你已经是上幼儿园的小朋友了，可以自己吃饭了，老师在这里看着你吃。"他听后只能自己把饭菜一点点地吃完。我及时对他进行了表扬："你看，明明还是很棒的吧，能自己把饭菜全吃完。下次要能加快速度就更好了！"他听了直点头说："嗯！"

——选自李晓巍.幼儿行为观察与案例［M］.上海：华东师范大学出版社，2017.

参照《3~6岁儿童学习与发展指南》，对明明的行为做出分析。

1. 明明是否存在吃饭挑食的现象？

_____

_____

_____

2. 明明使用餐具情况。

_____

_____

_____

👥 要点示范

表 2-12　依据《指南》分析儿童行为示范

观察记录	《指南》小班儿童典型表现	结论
明明一开始只是含着勺子，不吃饭，在于老师提醒后，明明开始舀饭吃。但是过了一会儿老师发现他只是舀几粒米，没有吃菜，于老师继续提醒他，听到提醒后，明明也开始舀菜吃。	在引导下，不偏食、挑食。	明明并不存在挑食的情况
明明舀饭只能舀几粒，豆芽舀不起来，挑了好舀的肉丸，但是两次都掉了，老师帮忙捣碎后才舀起来吃了。最后，老师催促他吃快一点，他就想让老师喂饭。	能熟练地用勺子吃饭	明明不能熟练地用勺子吃饭，手部精细动作的灵活性和准确性有待提高。

【步骤 3】根据《3~6 岁儿童学习与发展指南》提出教育建议

_____

_____

👥 要点示范

表 2-13　依据《指南》提供教育建议示范

情况	《指南》教育建议	教师教育建议
在引导下能够不挑食	帮助儿童了解食物的营养价值，引导他们不偏食挑食，少吃或不吃不利于健康的食品，多喝白开水，少喝饮料	1. 开展"食物的营养"主题活动 2. 在阅读区投放相关绘本 3. 午餐前进行食谱介绍 4. 参观幼儿园食堂
发展手部精细动作有待提高	1. 提供画笔、剪刀、纸张、泥团等工具和材料，或充分利用各种自然、废旧材料和常见物品，让儿童进行画、剪、折、粘等美工活动 2. 引导儿童生活自理或参与家务劳动，发展其手的动作。如练习自己用筷子吃饭、扣扣子，帮助家人择菜叶、做面食等 3. 幼儿园在布置娃娃家、商店等活动区时，多提供原材料和半成品，让儿童有更多机会参与制作活动	1. 集体活动中开展使用剪刀、描线等锻炼手部精细动作的活动 2. 家园共育引导儿童独立进餐，自己的事情自己做，积极参与家务劳动 3. 在娃娃家投放餐具、食物等，支持儿童"给娃娃喂饭"的游戏

【职业伦理】

《3~6岁儿童学习与发展指南》指出，要充分理解和尊重儿童发展进程中的个别差异，支持和引导他们从原有水平向更高水平发展，按照自身的速度和方式到达《指南》所呈现的发展"阶梯"，切忌用一把"尺子"衡量所有儿童。

※ 任务提示

根据《指南》观察和解读儿童行为时，要以动态和发展的态度，将儿童的行为表现看成是一个弹性区间的表现。结合明明的实际情况和存在的问题，提出具体有效的可操作性建议。

任务评价

任务完成后，依据表2-14对学习过程进行评价。

表2-14 "探究《指南》"任务评价表

指标		内容	分值	自我评价	组内互评	教师评价
任务准备		观看微课	10			
		完成自学反馈	5			
任务实施	活动1	《指南》结构梳理准确	10			
		健康领域关键内容梳理准确	5			
		语言领域关键内容梳理准确	5			
		社会领域关键内容梳理准确	5			
		科学领域关键内容梳理准确	5			
		艺术领域关键内容梳理准确	5			
	活动2	观察目标符合《指南》描述	5			
		行为分析合理	15			
		教育建议可行	10			

续表

指标	内容	分值	自我评价	组内互评	教师评价
协作学习	积极参与	5			
	按时完成	5			
	协商合作	5			
	反思改进	5			
合计		100			
综合评价	自我评价（30%）	组内互评（40%）	教师评价（30%）	总分	

技能加油站

可以用勺子吃饭吗？

案例材料：

进入中班下学期，孩子们就开始学习用筷子吃饭了。餐前准备时，保育老师再次向孩子们提醒了用筷子吃饭的注意事项，并请孩子们拿起筷子吃饭，孩子们都用筷子吃了起来。可是珊珊小朋友将筷子一把抓在手里，用力往嘴里扒饭，动作很别扭——显然，她还不会使用筷子吃饭。看见这一情景，保育老师赶紧给珊珊配上了一把勺。可是同班的张老师却不同意，因为《3~6岁儿童学习与发展指南》中动作发展部分，提出了4~5岁儿童"能用筷子吃饭"。如果提供了勺子，儿童不就更不会用筷子了吗？应当训练珊珊才对。

问题：请结合案例，对两位老师的教育方法进行分析，并说明原因。

——2021年全国职业院校技能大赛（高职组）"学前教育专业教育技能"赛项案例分析题赛卷

任务 3　熟悉观察中的儿童发展理论

⭐任务目标

1. 熟悉行为主义理论、认知主义理论、精神分析理论、社会文化理论的基本观点。

2. 能够运用行为主义理论、认知主义理论、精神分析理论、社会文化理论的观点分析儿童行为。

3. 能够在行为主义理论、认知主义理论、精神分析理论、社会文化理论的指导下对儿童行为发展提出有针对性的建议。

4. 感受理论的魅力，拓宽理论视野，发展理论思维。

⭐任务描述

活动 1　运用行为主义理论分析儿童行为。

活动 2　运用认知主义理论分析儿童行为。

活动 3　运用精神分析理论分析儿童行为。

活动 4　运用社会文化理论分析儿童行为。

⭐任务准备

【知识储备】

扫码学习运用儿童发展理论解读儿童行为基础知识。

| 微课 | [二维码] | 运用儿童发展理论解读儿童行为 | PPT | [二维码] | 运用儿童发展理论解读儿童行为 |

任务实施

活动 1　运用行为主义理论分析儿童行为

【步骤 1】了解行为主义理论的主要观点

请查阅资料，概括行为主义理论的主要观点，填入表 2–15。

表 2–15　行为主义理论的主要观点

具体类别	代表人物	经典实验	主要观点
早期行为主义	华生	小艾伯特实验	
操作行为主义	斯金纳	斯金纳迷箱	
社会学习理论	班杜拉	攻击行为习得实验	

【步骤 2】运用行为主义理论解读儿童行为并提出教育建议

请阅读以下案例，运用行为主义理论对儿童的行为进行分析解读并提出教育建议。

案例：

牛牛在娃娃家游戏中有捶打拉扯娃娃的现象，通过对其日常生活的观察和与其家长的沟通，发现他在动画片中接触了一些暴力行为。

儿童行为解读：

_____

_____

_____

教育建议：

_____

_____

_____

要点示范

表 2-16　观察学习的流程

阶段	表现
注意	个体选择性地注意到榜样行为模式、特点
保持	个体将行为编码并保存
重现	个体模仿出榜样行为
动机	个体在动机控制下做出榜样行为

活动2　运用认知主义理论分析儿童行为

【步骤 1】了解皮亚杰认知主义理论的主要观点

请查阅资料，概括皮亚杰认知主义理论的主要观点，填入表 2-17。

表 2-17　认知主义理论的主要观点

阶段	年龄	主要观点
感知运动阶段	0 ~ 2 岁	
前运算阶段	3 ~ 7 岁	
具体运算阶段	7 ~ 11 岁	
形式运算阶段	11 岁以上	

【步骤 2】运用认知主义理论解读儿童行为并提出教育建议

请阅读以下案例，运用皮亚杰认知主义理论对儿童的行为进行分析解读并提出教育建议。

案例：

阳阳上大班了，为了更好地做好入学准备，爸爸把小学的题拿给阳阳做：圆形盘子里有一整块蛋糕，方形盘子里有同样一整块蛋糕分成的四块小蛋糕，哪一盘蛋糕多？阳阳说圆形盘子里的蛋糕多，原因是它很大，量会更多。

儿童行为解读：

_____

_____

教育建议：

_____

_____

_____

👥要点示范

　　处于直觉思维阶段的儿童，思维依赖于事物的外表，缺乏守恒的概念，不知道改变事物的外表不会改变其基本性质。皮亚杰关于守恒概念的测试，最著名的是烧杯测试。实验人员在儿童面前呈现两个完全一样的玻璃杯 A、B，每个杯子里有等量的果汁，问儿童："你觉得它们里面的果汁一样多吗？"儿童回答："一样多。"然后，实验人员将 B 杯子里的果汁倒入空的细一些的玻璃杯 C，问："这两个杯子（A 杯和 C 杯）里的果汁一样多？还是这个杯子（A 杯）里的果汁多一些？还是这个杯子（C 杯）里的果汁多一些？"儿童回答："这个（C 杯）的果汁多一些。"儿童的这一行为表现，说明其还不具备守恒的概念。A 杯和 B 杯中的果汁量是相同的（A=B），虽然 B 杯中的果汁倒入了更细一些的 C 杯，导致果汁高度增加，但是果汁的数量没有改变（B=C），所以 C 杯中的果汁与 A 杯中的果汁量相等（A=C）。

活动 3　运用精神分析理论分析儿童行为

【步骤 1】了解弗洛伊德人格发展阶段理论的主要观点

请查阅资料，概括弗洛伊德人格发展阶段理论的主要观点，填入表 2–18。

表 2–18　弗洛伊德人格发展阶段理论的主要观点

阶段	年龄	主要观点
口唇期		
肛门期		
性器期		

【步骤 2】了解埃里克森人格发展阶段理论的主要观点

请查阅资料，概括埃里克森人格发展阶段理论的主要观点，填入表 2-19。

表 2-19　埃里克森人格发展阶段理论的主要观点

阶段	年龄	阶段任务与危机	发展顺利者的特征	发展障碍者的特征
婴儿期				
儿童初期				
学前期				

【步骤 3】运用精神分析理论解读儿童行为并提出教育建议

请阅读以下案例，运用精神分析理论对儿童行为进行分析解读并提出教育建议。

案例：

乐乐四岁了，爸爸给他买了他最喜欢的玩具吊车，打开开关，吊车就会旋转并伸缩吊臂吊放"货物"，乐乐爱不释手，但是不到一天吊臂就被他掰断了，爸爸问他怎么又破坏玩具，乐乐边哭边说："我想看看它是怎么转的……"

儿童行为解读：

_____

_____

教育建议：

_____

_____

👥 **要点示范**

依据埃里克森人格发展阶段理论，3～6 岁的儿童处于主动对内疚的冲突阶段。这个时期的儿童如果自主性胜过内疚，就会表现得有计划、有目的性，做事果断。如果成人讥笑或指责儿童的主动性和想象力，就会导致他们缺乏自信心，感到无助和内疚，产生自卑感。

活动 4　运用社会文化理论分析儿童行为

【步骤 1】社会文化理论的主要观点

请查阅资料，概括社会文化理论的主要观点，填入表 2–20。

表 2-20　社会文化理论的主要观点

		主要观点
文化历史发展观		
心理发展论		
最近发展区		
语言内化说		

【步骤 2】运用社会文化理论解读儿童行为并提出教育建议

请阅读以下案例，运用社会文化理论对儿童行为进行分析解读并提出教育建议。

案例：

3 岁的熙熙对拼图产生了很大的兴趣，妈妈便给他买了他最喜欢的恐龙拼图，每个图案由 24 块拼图组成，可是乐乐却不喜欢玩了，每次拼一会儿就着急，要让妈妈帮他找，妈妈让他自己拼，他就哭着喊"我不会，我不会！"

儿童行为解读：

_____

_____

教育建议：

_____

_____

👥要点示范

杰出的心理学家维果斯基（1896—1934）提出了最近发展区理论。儿童能够独立完成的任务，称为实际发展水平；通过教学达到的水平称为潜在发展水平，最近发展区是指儿童现有发展水平与潜在发展水平之间的差距。在最近发展区中，儿童需要他人的协助和支持才能够完成任务。在这里，他人的协助和支持称为支架。在支架教学中，需要将任务目标进行分解，由易到难，由简单到复杂，帮助孩子一步一步完成，不断进步，最终撤除支架，儿童能够独立完成任务，实现最终目标。

【职业伦理】

终身学习是《特殊教育教师专业标准（试行）》的基本理念之一，特殊教育教师要学习先进的教育理论，了解国内外特殊教育改革与发展的经验和做法；优化知识结构，提高文化素养；具有终身学习与持续发展的意识和能力，做终身学习的典范。

※ 任务提示

在概括各个理论的基本观点的活动中，需要查阅相关资料，在理解的基础上进行学习、归纳、概括，才能为后面的应用理论解决实际问题做好准备，切忌照抄照搬、死记硬背。

任务评价

任务完成后，依据表 2-21 对学习过程进行评价。

表 2-21 "熟悉观察中的儿童发展理论"任务评价表

指标	内容		分值	自我评价	组内互评	教师评价
任务准备	观看微课		10			
	完成自学反馈		5			
任务实施	活动1	行为主义理论主要观点准确	5			
		行为解读合理	5			
		教育建议可行	5			
	活动2	认知主义理论主要观点准确	5			
		行为解读合理	5			
		教育建议可行	5			

续表

指标		内容	分值	自我评价	组内互评	教师评价
任务实施	活动3	精神分析理论主要观点准确	10			
		行为解读合理	5			
		教育建议可行	5			
	活动4	社会文化理论主要观点准确	5			
		行为解读合理	5			
		教育建议可行	5			
协作学习		积极参与	5			
		按时完成	5			
		协商合作	5			
		反思改进	5			
合计			100			
综合评价	自我评价（30%）		组内互评（40%）	教师评价（30%）		总分

技能加油站

小南妈妈的烦恼

案例材料：

小南今年5岁，已经上大班了。爸爸妈妈工作忙，小南一直由姥姥、姥爷带着，接送幼儿园。老人一直对小南宠爱有加，百般呵护，生怕磕着、碰着，没法向女儿交代。妈妈出于对孩子的亏欠感总是对他百依百顺，有求必应。虽然家里的玩具很多，小南总是看到什么就要买什么。爸爸却认为要对孩子严加管教，做法显得简单、粗暴，平时小南任性、不听话时，爸爸就动手教训他。但是，到了幼儿园里，小南看到别人玩什么，他就要玩什么。别人不给他就直接抢、推搡，甚至打闹起来时还咬小朋友。有时他想和别人玩，别人不愿意和他一起玩，他就弄坏或是推倒别人的东西。这样一来，小朋友就更不愿意和他一起玩了。幼儿园老师多次教育批评他，都不管用。无论是妈妈讲道理和爸爸体罚，他仍我行我素。久而久之，小南妈妈开始为这事感到非常烦恼……

问题：

结合案例分析小南妈妈的烦恼，如果你是小南的老师，谈谈你要如何做家长工作。

——2021年全国职业院校技能大赛（高职组）"学前教育专业教育技能"赛项案例分析题赛卷

任务 4　认识正向行为支持

📋任务目标

1. 了解正向行为支持的概念。

2. 理解正向行为支持的层级。

3. 熟悉正向行为支持模型。

4. 树立预防为主的特殊儿童行为支持原则。

📋任务描述

熟悉正向行为支持模型。

📋任务准备

【知识储备】

扫码学习正向行为支持基础知识。

微课	[QR code] 运用正向行为 支持模型	PPT	[QR code] 运用正向行为 支持模型

📋任务实施

【步骤1】全面促进所有儿童的身心健康

针对第一层级的三个维度，思考为了全面促进所有儿童的身心健康，你会采取哪些措施，将你的想法写在下列横线处。

1. 高素质的学前融合教师需要具备哪些能力？

_____

_____

2. 如何与儿童建立回应式的关系？

_____

_____

3. 如何构建促进儿童探索和学习的安全自由的空间环境？

_____

_____

👥要点示范

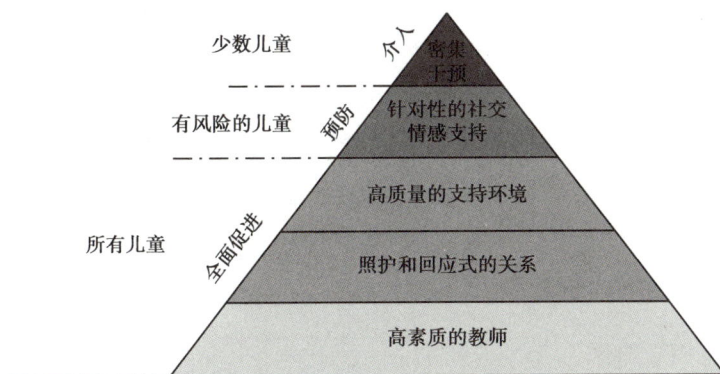

图 2-1　三级正向行为支持模型

【步骤 2】为有风险的儿童提供针对性的社交情感支持

SEL 是 Social & Emotional Learning 的缩写，即"社交情感技能学习"，请查找相关资料，梳理需要教导儿童哪些社交情感技能，并与《3 ~ 6 岁儿童学习与发展指南》中的目标相对应。

表 2-22　社交情绪技能与《指南》对照表

社交情感技能	具体描述	与《指南》对应目标

表 2-23 社交情感技能与《指南》对应范例

社交情感技能	具体描述	与《指南》对应目标
关系技能	如何表达对他人的关心	领域：社会领域 子领域：人际交往 目标 4：关心、尊重他人

【步骤 3】实施个性化的密集行为干预计划

实施个性化的密集行为干预计划需要经过专业的训练，一定要基于儿童的需求设计并实施。请在实习或任教的班级选择一名儿童，利用表 2-24 中的量表，了解儿童的性格特点。

1. 使用量表评估儿童性格

根据你的观察，在符合孩子特征的位置打钩。

表 2-24 儿童性格量表

儿童姓名		儿童年龄	
观察者		观察时间	
活跃水平			
非常活跃			不活跃
来回晃 乱动 坐不稳			安静地坐着,喜欢久坐的活动
分心			
非常分心			专注
参与活动时难以专注			高度集中精力
强度			
高强度			平和
强烈的积极或消极的情绪反应			柔和的情绪反应
规律			
非常有规律			没有规律

续表

规律的饭量、睡眠和排泄模式		不可预测的饭量、睡眠和排泄模式
感官敏感性		
感官低敏感性		感官高敏感性
1. 对包括声音在内的物理刺激不敏感 2. 尝试新食物、新衣服很容易		1. 对包括声音在内的物理刺激不敏感 2. 挑食
亲近或回避		
喜欢亲近		喜欢回避
渴望接近新情况或新人物		面对新情况、新人、新事物时，会犹豫、抵触
适应性		
适应性非常好		难以适应
容易过渡到新的活动或状态		不容易过渡到新的活动或状态
坚持		
容易坚持		挫败感强
面对困难的任务时能继续，不气馁		面对新的或者困难的任务时容易沮丧
情绪		
积极的情绪		严重的情绪
以积极的方式回应，通常很愉快		对各种情况消极反应，情绪很严重

资料来源：范德比尔特大学早期学习社会情绪基础中心（The Center on the Social and Emotional Foundations for Early Learning）

2. 依据量表结果判断儿童可能的性格

□灵活的有弹性（易养型）　　□害怕担心（慢热型）　　□活跃易怒（难养型）

判断依据：

_____

_____

👥要点示范

表 2-25　不同类型儿童性格特征

灵活的有弹性（易养型）	害怕担心（慢热型）	活跃易怒（难养型）
规律的生活节奏	适应慢	活泼的
积极的情绪	回避社交互动	热情的、严肃的
适应性		分心的
低强度的情感表达		敏感的
低敏感性		不规律的生活节奏
		喜怒无常的

【职业伦理】

《特殊教育专业师范生教师职业能力标准（试行）》在"综合育人能力"中指出："关注学生心理健康，……基本掌握积极行为支持……""……对特殊学生进行积极行为支持……"

※ 任务提示

在熟悉正向行为支持模型的过程中，要做到关注全体儿童的需求，考虑特殊儿童的身心发展特殊性，通过正向行为支持实现普通发展儿童和特殊需求儿童和谐共生。

📋任务评价

任务完成后，依据表 2-26 对学习过程进行评价。

表 2-26　"认识正向行为支持"任务评价表

指标	内容	分值	自我评价	组内互评	教师评价
任务准备	观看微课	10			
	完成自学反馈	5			
任务实施	学前融合教师能力分析合理	5			

续表

指标	内容	分值	自我评价	组内互评	教师评价
任务实施	与儿童建立回应式关系的策略恰当	10			
	空间环境设计安全、开放	5			
	社交技能描述清晰	10			
	社交技能与《指南》对应准确	15			
	儿童性格判断准确	20			
协作学习	积极参与	5			
	按时完成	5			
	协商合作	5			
	反思改进	5			
合计		100			
综合评价	自我评价（30%）	组内互评（40%）	教师评价（30%）	总分	

📋 技能加油站

正向行为支持基于下列几个假设：

第一，问题行为对儿童来说是有用的，可以满足儿童的需求。

第二，问题行为的发生与环境有关。

第三，有效的干预是基于对问题行为的彻底理解。

第四，所有儿童都应得到与同龄人一样的尊严和尊重。

依据上述四个假设制订的正向行为支持计划具有如下特点：

第一，正向行为支持基于评估。通过实施行为功能评估了解儿童为什么表现出某种问题行为，以便彻底理解该行为。

第二，正向行为支持的主要策略是通过教导恰当行为和改善环境来减少问题行为。

第三，正向行为支持并不是某一种单一的干预方法，而是包含多种干预成分的包裹。

第四，正向行为支持面向过程，关注行为的持久变化和改善，侧重于长期解决方案，而不是快速修复。

项目三　观情绪促中和之美——文本呈现

"爱哭"的小融

特殊儿童档案

姓名：小融　性别：男　年龄：3岁1个月

障碍类型：情绪障碍

性格特点：记忆力好；烦躁、爱哭、易怒。

动画　　"爱哭"的小融

今天是9月1日，开学第一天，在小一班门口，小融紧紧地抱着妈妈，大哭起来。老师把他领到教室，他哭得更厉害了。吃饭的时候，小融也是边吃边小声抽泣，甚至搭的积木不小心倒了，小融也只会边喊老师边大声哭泣。

融合教师有话说

　　哭泣是儿童与人交流的一种方式。随着年龄的增长，他们能更好地控制情绪，并掌握其他表达需求的方式。但在幼儿园中，如果儿童过度使用哭泣，会影响其适宜的交流和需求的满足。

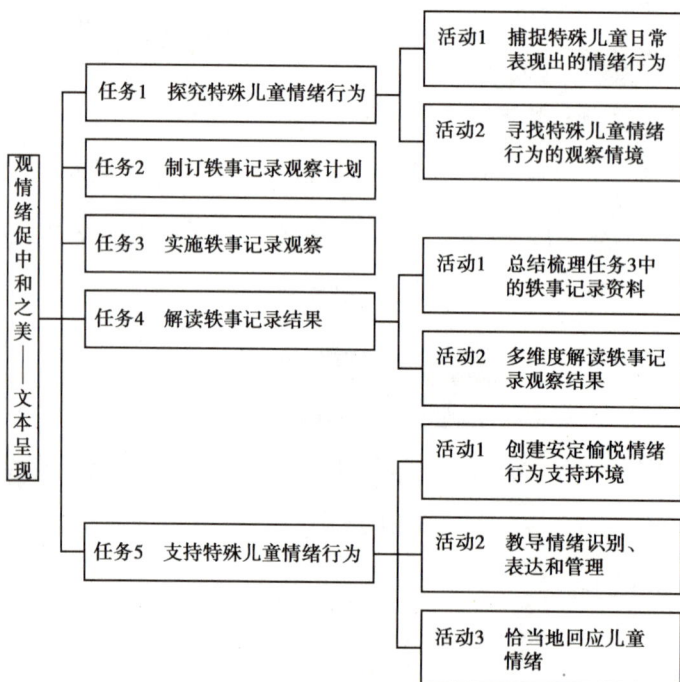学习目标

素质目标

1. 培养学思践悟、知行合一的职业精神。

2. 形成客观公正、严谨求实的职业态度。

能力目标

1. 能依据实际需求制订轶事记录法观察计划并实施观察。

2. 能对观察结果进行条理化的总结并精准解读。

3. 能为特殊儿童提供三阶情绪行为正向支持。

知识目标

1. 熟悉儿童情绪安定愉快的典型行为表现。

2. 掌握轶事记录法的基础知识。

学习地图

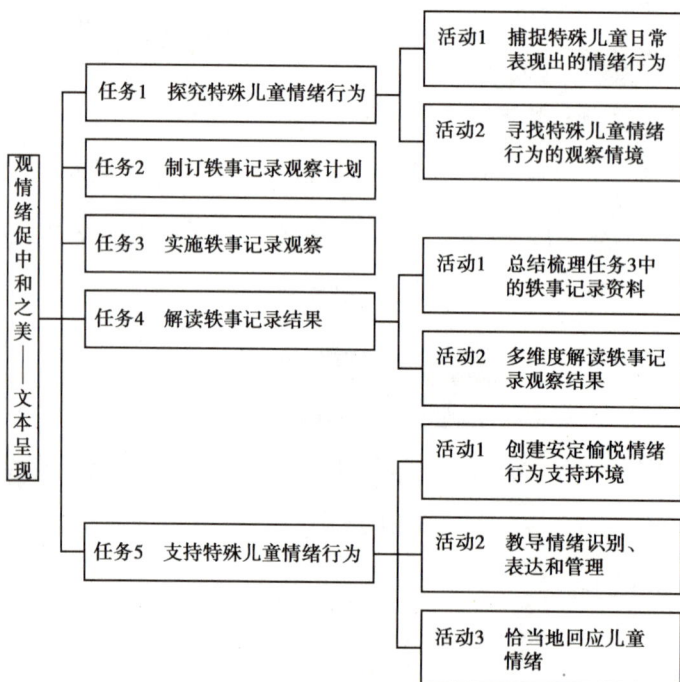

观情绪促中和之美——文本呈现

| 任务1 探究特殊儿童情绪行为 | 活动1 捕捉特殊儿童日常表现出的情绪行为 |
| 活动2 寻找特殊儿童情绪行为的观察情境 |

任务2 制订轶事记录观察计划

任务3 实施轶事记录观察

| 任务4 解读轶事记录结果 | 活动1 总结梳理任务3中的轶事记录资料 |
| 活动2 多维度解读轶事记录观察结果 |

| 任务5 支持特殊儿童情绪行为 | 活动1 创建安定愉悦情绪行为支持环境 |
| 活动2 教导情绪识别、表达和管理 |
| 活动3 恰当地回应儿童情绪 |

感悟内涵

【铸师魂】知行合一

国学语录

学思践悟，以知促行。——《论语》

意思是，学习、思考、实践和领悟是一个循环往复的过程。通过不断地学习和思考，将知识转化为行动，才能得到真正的成长。

陈鹤琴，我国著名儿童教育家、儿童心理学家，中国现代儿童教育的奠基人。他对自己孩子坚持了 808 天的观察记录，并基于此写出了我国儿童心理学的第一本开拓性著作《儿童心理之研究》，为我国儿童教育的科学化奠定了基础。

【省思感悟】

上述陈鹤琴先生的故事对你进行儿童行为观察有何启示？

_____

_____

【润童心】中和之美

国学语录

喜怒哀乐之未发，谓之中；发而皆中节，谓之和。

——《中庸》

释义：喜怒哀乐的情感没有发生，可以称之为中；喜怒哀乐的感情发生了，但都能适中且有节度，可以称之为和。

"致中和"指的是通过自我情绪管理，达到内心的平静和谐。

项目建组

请 4～6 人自由组队，分工协作完成本项目的学习、记录和评价。具体要求如下：

1. 每组内需要有一名组长，组员每人均承担一定任务。

2. 确定组名。

3. 记录建组过程中遇到的困难和解决的措施。

4. 填写下列分组情况表格。

表 3-1　建组情况

组名		组长姓名		组长学号	
组员姓名	组员学号	承担任务			备注
遇到的困难					
解决措施					

任务 1　探究特殊儿童情绪行为

任务目标

1. 理解情绪安定愉快对特殊儿童融合的重要意义。

2. 熟悉《指南》中儿童情绪行为的表现。

3. 了解特殊儿童情绪行为的观察情境及观察要点。

4. 能捕捉到特殊儿童日常表现出的情绪行为。

5. 能接纳和同理特殊儿童负面情绪。

任务描述

活动 1　捕捉特殊儿童日常表现出的情绪行为。

活动 2　寻找特殊儿童情绪行为的观察情境。

任务准备

【知识储备】

1. 阅读《指南》中【健康领域】——【身心状况】的相关内容

目标 2　情绪安定愉快

3～4岁	4～5岁	5～6岁
1.情绪比较稳定,很少因一点小事哭闹不止 2.有比较强烈的情绪反应时,能在成人的安抚下逐渐平静下来	1.经常保持愉快的情绪,不高兴时能较快缓解 2.有比较强烈情绪反应时,能在成人提醒下逐渐平静下来 3.愿意把自己的情绪告诉亲近的人一起分享快乐或求得安慰	1.经常保持愉快的情绪。知道引起自己某种情绪的原因,并努力缓解 2.表达情绪的方式比较适度,不乱发脾气 3.能随着活动的需要转换情绪和注意

2. 扫码学习典型行为表现基础知识

微课　典型行为表现：情绪安定愉快

PPT　典型行为表现：情绪安定愉快

⭐ **任务实施**

活动 1　捕捉特殊儿童日常表现出的情绪行为

【步骤 1】确定观察对象

在你所实习或任教的班级内分别选择一名情绪障碍儿童。将儿童基本信息填写在表 3–2 中。

【步骤 2】识别情绪行为

对照《指南》中【健康领域】——【身心状况】——【目标 2 情绪安定愉快】的具体描述，观察选定儿童的日常活动，讨论：儿童表现出了哪些情绪行为？是否与《指南》描述相符？将情绪行为相关信息填写在表 3–2 中。

表 3–2　"识别情绪行为"任务单

儿童基本信息			
化名或编号		年龄	岁　　月
性别	□男　□女	就读班级	□小班　□中班 □大班
是否特殊儿童	□是　□否 若回答是，请填写下列内容 障碍类型：□智力障碍　□多动及注意力缺陷 　　　　　　□孤独症谱系障碍　□学习障碍		
情绪行为表现			
《指南》相关描述	具体表现	是否与《指南》相符	备注
		□是　□否	
		□是　□否	
		□是　□否	
		□是　□否	

续表

《指南》相关描述	具体表现	是否与《指南》相符	备注
		□是　□否	
		□是　□否	

【职业伦理】

《特殊教育教师专业标准（试行）》在"专业理念和师德维度"中指出要"维护学生合法权益"。《学前融合教育教师能力培训指南（试行）》指出："保障特殊教育需要儿童合法权利及特殊权利，充分保护其个人隐私。"

> ※ 任务提示
>
> 表 3-2 中，请用数字编号或无儿童明显特征的代码代替儿童的真实姓名，以保密的方式处理儿童及家庭的相关信息。

活动 2　寻找特殊儿童情绪行为的观察情境

针对上述儿童情绪问题，结合幼儿园一日生活流程，寻找可能的观察情境，并阐述观察要点。

【步骤 1】了解幼儿园一日生活流程

请梳理你所实习或任教园所的一日生活流程，并填入表 3-3 中。

【步骤 2】寻找可能的观察情境及观察要点

请回顾【知识储备】中的"儿童情绪行为基础知识"，针对活动 1 中情绪障碍儿童的行为表现，在上述一日流程中选择合适的观察情境并阐述观察要点。

表 3-3　基于"幼儿园一日生活"的观察情境任务单

活动名称	活动时间	活动内容	是否为观察情境	观察要点
			□是　□否	

续表

活动名称	活动时间	活动内容	是否为观察情境	观察要点
			□是　□否	
			□是　□否	
			□是　□否	
			□是　□否	
			□是　□否	
			□是　□否	
			□是　□否	
			□是　□否	

【职业伦理】

《特殊教育教师专业标准（试行）》在"专业理念和师德维度"中指出"重视生活经验在学生成长中的作用，注重教育教学、康复训练与生活实践的整合"。在一日生活中观察儿童的行为是了解儿童的重要途径。

※ 任务提示

表 3-3 中，判断该活动环节是否为情绪行为的观察情境时，一定确保能在该情境中观察到儿童典型的情绪行为表现。

任务评价

任务完成后，依据表 3-4 对学习过程进行评价。

表 3-4　"探究特殊儿童情绪行为"任务评价表

指标	内容	分值	自我评价	组内互评	教师评价
任务准备	阅读《指南》相关内容	5			
	观看微课	10			
	完成自学反馈	5			

续表

指标	内容		分值	自我评价	组内互评	教师评价
任务实施	活动1	保护儿童隐私	5			
		儿童情绪行为表现描述准确	20			
	活动2	幼儿园一日生活流程填写完整	5			
		观察情境能真正观察到儿童目标情绪行为	15			
		观察要点符合情绪行为特点	15			
协作学习	积极参与		5			
	按时完成		5			
	协商合作		5			
	反思改进		5			
合计			100			
综合评价	自我评价（30%）	组内互评（40%）	教师评价（30%）		总分	

技能加油站

研究者 Bridges（1932）对 62 名婴幼儿的情绪行为进行了为期 4 个月左右的观察，建立 0～24 个月婴幼儿情绪分化模型，中国台湾学者凤华据此绘制了 0～24 个月情绪分化路径图（图 3-1）。

研究显示，从出生开始，人类的情绪行为就不断演变，逐渐分化。刚出生的婴儿，主要情绪是兴奋。之后，首先从兴奋中分化出来的情绪是苦恼。

3 个月左右的时候，婴儿对熟悉的人比对陌生人笑得更多，这就是真正意义上的社会性微笑。这标志着基于社交互动的经验，婴儿分化出愉悦的情绪。与此同时，负面情绪迅速分化出愤怒、厌恶和恐惧。与积极情绪相比，负面情绪分化得更细腻也更快速。由此可知，婴儿早在 6 个月大时就已经分化出负面情绪，周围环境对这些情绪的回应直接影响后续婴幼儿对这些负面情绪的识别、表达和管理。

一个月	三个月	四个月	十二个月

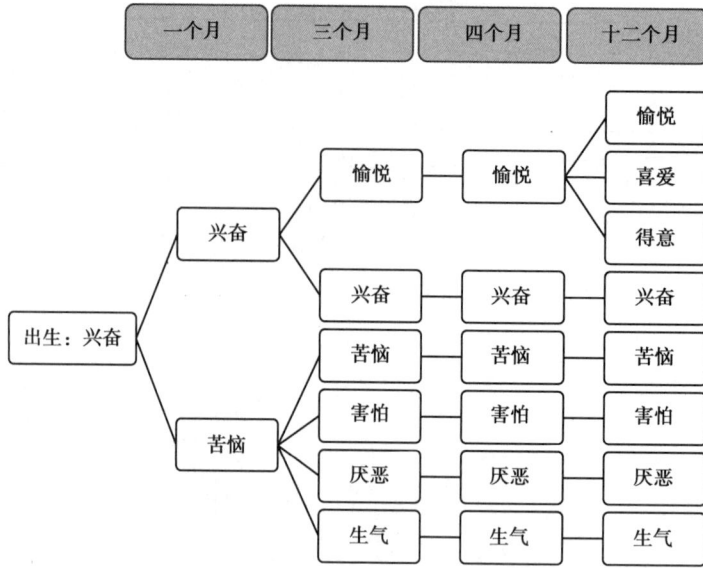

图 3-1 0 ~ 24 个月婴幼儿情绪分化

任务 2　制订轶事记录观察计划

任务目标

1. 了解轶事记录的含义、分类、特征和优缺点。

2. 区分观察目的与观察目标的不同。

3. 掌握轶事记录法观察情境的特点。

4. 能依据观察需求编制轶事记录单。

5. 能制订轶事记录观察计划。

6. 在制订观察计划的过程中提高团队协作能力。

任务描述

针对任务 1 中情绪障碍儿童，围绕其情绪行为，编制观察记录单并制订轶事记录观察计划。

任务准备

【知识储备】

1. 扫码学习轶事记录法基础知识。

微课	[二维码] 轶事记录法	PPT	[二维码] 轶事记录法

2. 扫码学习制订观察计划基础知识。

微课	[二维码] 轶事记录法——制订观察计划	PPT	[二维码] 轶事记录法——制订观察计划

⬛ 任务实施

【步骤 1】确定观察目的

聚焦任务 1 中了解到的儿童情绪行为概况，确定观察的目的，将儿童基本信息及观察目的填写在表 3-10 中。

【步骤 2】明确观察目标

梳理表 3-2 中的观察要点，结合《指南》《0—6 岁儿童发展里程碑》中的情绪行为的相关描述以及儿童情绪发展的理论，提炼不超过 3 个观察目标，填写在表 3-10 中。

⬤ 要点示范

1. 目标行为的组成

目标行为：回应他人的能力，指当别人对自己说话时，眼睛能看着对方，并用语言或手势动作表达与对话内容相符的意思。

表 3-5　"回应他人的能力"目标行为组成示范

成分	描述
情境	别人对自己说话时
形式	眼睛看着对方 用语言或手势动作
功能	表达与对话内容相符的意思

2. 目标行为的来源

表 3-6　"回应他人的能力"目标行为来源示范

依据	《指南》	领域	语言	子领域	倾听与表达	年龄段	3～4 岁
目标 1	认真听并能听懂常用语言						
1	别人对自己说时，能认真听并做出反应。						
2	能听懂日常会话。						
目标 2	愿意讲话并能清楚地表达						
1	愿意在熟悉的人面前说话，能大方地与人打招呼。						

续表

2	基本会说本民族或本地区的语言。
3	愿意表达自己的需要和想法，必要时能配以手势动作。
4	能口齿清楚地说儿歌、童谣或复述简短的故事。
目标3	具有文明的语言习惯
1	与别人讲话时知道眼睛要看着对方。
2	说话自然，声音大小适中。
3	能在成人的提醒下使用恰当的礼貌用语。

3. 注意区分观察目的与观察目标的不同

观察目的：了解儿童在手工活动中的精细动作能力和解决问题能力。

观察目标：使用剪刀和胶棒的能力；规划手工作品并思考怎么做出来的能力。

【步骤3】选定观察情境

梳理表3-2中的观察情境，选择1～3个最可能观察到目标行为的情境，在表3-10中具体描写。

要点示范

观察情境：教室手工区，手工活动中，儿童根据教师提供的主题和材料，进行自主创作，附近有一名教师，可在儿童需要时提供建议。

【步骤4】编制观察记录单

依据观察目标行为的数量、观察对象的人数、观察情境的不同等因素，参考"要点示范"部分的记录单模板，自主编制合适的观察记录单。

请将自主编制的观察记录单绘制在下列区域。

要点示范

表 3-7　基于一日生活流程的轶事记录单（多名儿童）

一日活动	小 A	小 B	小 C	小 D	备注
入园晨检					
教育活动					
自主游戏					
如厕、喝水					
午餐					
餐后活动					
午睡					
起床					
区域活动					
午操					
自主游戏					
离园活动					

表 3-8　小组活动轶事记录表（多名儿童）

日期		时间	
观察者		观察地点	
观察目的			
观察目标			
活动环境			
姓名：	姓名：		姓名：
姓名：	姓名：		姓名：

表 3-9 跨发展领域的轶事记录单（单个儿童）

领域观察记录表			
日期		时间	
观察者		被观察者	
观察目的			
观察目标			
语言	社会情绪		身体动作
艺术创作	认知		早期读写

【步骤 5】准备观察工具

在表 3-10 中填写要准备的观察工具。

表 3-10 "轶事记录法"观察计划表

观察对象		班级		出生日期	年 月 日
观察者	□带班老师 □生活老师 □教学督导 □其他				
观察目的					
观察领域	□健康 □身心状况 □动作发展 □生活习惯与生活能力	□语言 □倾听与表达 □阅读与书写准备	□社会 □人际交往 □社会适应	□科学 □科学探索 □数学认知	□艺术 □感受与欣赏 □表现与创造
目标行为					
观察方法	□轶事记录 □检核表 □等级量表 □时间取样 □事件取样 □访谈儿童 □访谈家长 □永久性资料（□作品 □照片 □视频 □音频）				
观察环境					
观察时段	□早上 □上午 □中午 □下午 □放学 □其他				
观察工具	□观察记录单 □录音设备 □录像设备 □笔 □计时工具				
观察结果	□文字 □图表				
观察次数	次/天 次/周				
其他事项					

表 3-11 "轶事记录法"观察计划范例

观察对象	小 C	班级	中班	出生日期	2020 年 1 月 13 日
观察者	□带班老师 √生活老师 □教学督导 □其他				
观察目的	掌握小 C 回应他人能力的当前水平，寻找回应缓慢或不回应的原因。				
观察领域	□健康 □身心状况 □动作发展 □生活习惯与生活能力	√语言 √倾听与表达 □阅读与书写准备	□社会 □人际交往 □社会适应	□科学 □科学探索 □数学认知	□艺术 □感受与欣赏 □表现与创造
目标行为	在别人对自己说话时，能眼睛看着对方，用 2 个以上的词语或者手势，表达与对话内容相符的意思。				
观察方法	√轶事记录 □检核表 □等级量表 □时间取样 □事件取样 □访谈儿童 □访谈家长 □永久性资料（□作品 □照片 □视频 □音频）				
观察环境	户外活动时间，小朋友们在操场自由活动，操场边有种植区，小朋友可以给蔬菜浇水、除草等，一名生活老师在旁边随时提供帮助。				
观察时段	□早上 √上午 □中午 □下午 □放学 □其他				
观察工具	√观察记录单 □录音设备 √录像设备 √笔				
观察结果	√文字 □图表				
观察次数	1 次 / 天　　3 次 / 周				
其他事项	1. 李老师观察记录并与学生互动，生活老师协助录像。 2. 记录观察对象对成人与儿童回应情况，以便比较是否有区别。				

【职业伦理】

《特殊教育教师专业标准（试行）》在"专业理念和师德维度"中指出"具有良好的团队合作精神，积极开展协作交流"。

※ 任务提示

表 3-10 中"其他事项"可以用来填写确保团队顺利协作的一些注意事项。

任务评价

任务完成后，依据表 3-12 对学习过程进行评价。

表 3-12　"制订轶事记录观察计划"任务评价表

指标	内容	分值	自我评价	组内互评	教师评价
任务准备	观看微课	10			
	完成自学反馈	5			
任务实施	观察目的符合实际需求	5			
	目标行为具体明确	20			
	观察情境具体，能观察到目标行为	5			
	观察记录单包含 5w1h	25			
	观察记录单设计合理符合观察目的	10			
协作学习	积极参与	5			
	按时完成	5			
	协商合作	5			
	反思改进	5			
	合计	100			
综合评价	自我评价（30%）	组内评价（40%）	教师评价（30%）		总分

技能加油站

20 世纪 20—30 年代，以哈佛大学心理专家梅奥为首的研究小组在芝加哥西方电力公司霍桑工厂进行的工作条件、社会因素和生产效益关系实验中发现了实验者效应，称为霍桑效应。

蔡春梅在《儿童行为观察与记录（第二版）》一书中将霍桑效应定义为：当被观察者知道自己成为观察对象而改变行为的情况。因此，为了避免在实际观察的过程中儿童出现霍桑效应，我们制订观察计划时需要对自然情境进行人为设计，比如在专门的单向观察室进行观察，或者是通过视频监控系统进行观察，尽可能地减少对观察对象的干扰。

任务 3   实施轶事记录观察

📋任务目标

1. 掌握轶事记录的观察时点。

2. 能实施客观、翔实有序地观察记录。

3. 能以尊重和开放的心态看待特殊儿童。

📋任务描述

针对任务 1 中选定的儿童，按照任务 2 中的观察计划并使用编制好观察记录单开展观察记录。

📋任务准备

【知识储备】

扫码学习轶事记录法实施观察记录的基础知识，并完成下面的自学反馈。

微课	▦	轶事记录法—— 实施观察记录	PPT	▦	轶事记录法—— 实施观察记录

📋任务实施

【步骤 1】确定记录时点

你的记录时点是：☐即时记录   ☐回顾记录

【步骤 2】实施观察记录

将观察记录填写在任务 2 步骤 4 中自主编制的记录单中。

🧑‍🤝‍🧑 要点示范

表 3-13　轶事记录法中应避免使用的语言和建议使用的语言

避免使用	建议使用
他经常……	他每天有五六次……
他喜欢……	他对我说……
他很快……	他用了一分钟……
他擅长……	他每次都……
看上去显得……	他每天……
好像……	我听到他说……
我觉得……	我看到他……
我认为……	每月有两三次

资料来源：盖伊·格朗兰德，玛琳·詹姆斯.聚焦式观察：儿童观察、评价与课程设计［M］.北京：教育科学出版社，2017：46.

表 3-14　轶事记录观察范例

儿童	小 C	观察日期	2021 年 3 月 5 日
观察者	李老师	观察时间	10：05 至 10：06
具体环境	室外种植区，孩子们在给自己种植的蔬菜浇水		
在场人员	老师、其他儿童		

观察记录	备注
小 C 拿着水壶给植物浇水，李老师走近问："水够吗？"小 C 仍低头看着植物浇水并回答说："不够。太干了。"小 C 与老师目标接触 1 秒。老师说："太干了？好。"小 C 手指植物说："这是草莓"。老师手指植物说："这是你的，这是哈德利的，对吗？"小 C 看着老师手指的方向，老师说："哪个是你的？"小 C 蹲下看着老师手指的方向，老师说："这是哈德利的。那是你的？"小 C 站起来，看着植物说："是的"。老师说："是的"。 　小 C 在查看植物，一女孩拿着水壶走进他并说："打扰一下"。小 C 仍在查看植物。之后，小 C 抬头看了女孩一眼。女孩说："打扰一下"。小 C 小声嘟囔，仍在查看植物。女孩推小 C 的后背，试图从小 C 后面过去，小 C 大声喊："走走"。	目光接触短、少？ 认识自己的专注？ 嘟囔着什么？

【职业伦理】

《特殊教育教师专业标准（试行）》在"专业理念和师德维度"中指出"理解残疾是人类多样性的一种表现，尊重个体差异"。

※ 任务提示

在实施观察记录时，一定要保持尊重和开放的心态，避免添加个人主观判断。

任务评价

任务完成后，依据表 3-15 对学习过程进行评价。

表 3-15 "制订轶事记录观察计划"任务评价表

指标	内容		分值	自我评价	组内互评	教师评价
任务准备	观看微课		10			
	完成自学反馈		5			
任务实施	使用的是描述性词语		15			
	记录的是客观事实		10			
	围绕目标行为记录		10			
	记录行为的完整脉络		15			
	捕捉儿童的原话		10			
	辅以照片说明		5			
协作学习	积极参与		5			
	按时完成		5			
	协商合作		5			
	反思改进		5			
合计			100			
综合评价	自我评价（30%）	组内评价（40%）	教师评价（30%）		总分	

技能加油站

美国著名的心理学家爱德华·桑戴克于 20 世纪 20 年代提出了晕轮效应，是指在人际知觉中所形成的以点概面或以偏概全的主观印象。观察过程的四要素中包含注意、对象与背景、判断与结论以及主观介入。因此，我们常会在观察儿童时不由自主地将自己的价值观或态度加诸儿童行为上，这容易使观察结果失真。为了避免晕轮效应，一个有效的方法是可以使用中性观察者。训练有素的中性观察者对儿童了解甚少，会降低对儿童行为的主观期待。

任务4 解读轶事记录结果

任务目标

1. 能对轶事记录结果进行审查补充。

2. 能对轶事记录结果进行分类归纳。

3. 能从多个维度对轶事记录结果进行解读。

任务描述

活动1：总结梳理任务3中的轶事记录资料。

活动2：多维度解读轶事记录观察结果。

任务准备

【知识储备】

1.扫码学习总结轶事记录观察结果的基础知识。

| 微课 | [QR Code] | 轶事记录法——总结观察结果 | PPT | [QR Code] | 轶事记录法——总结观察结果 |

2.扫码学习解读轶事记录观察结果的基础知识。

| 微课 | [QR Code] | 轶事记录法——解读观察结果 | PPT | [QR Code] | 轶事记录法——解读观察结果 |

任务实施

活动 1 总结梳理任务 3 中的轶事记录资料

【步骤 1】审查补充

1. 审查观察记录是否客观和翔实完整　□是　□否

2. 针对审查情况对观察记录进行修订

修订后的观察记录内容如下：

_____

_____

【步骤 2】分类归纳

1. 围绕目标行为进行归纳，具体内容填写在下面：

_____

_____

2. 围绕行为发生、经过、结果的脉络进行归纳，填在表 3-16 中。

表 3-16　情绪行为脉络

环境背景	行为前	行为表现	行为后

👥 **要点示范**

表 3-17　儿童攻击行为脉络

环境背景	行为前	行为表现	行为后
区角活动，绿植区观察乌龟	跑到绿植区，被明明挡住了	推开明明	看乌龟
自由活动，静静和小青看书	在教室里乱转	抢了小青的书	边跑边回头看小青，小青追他
户外活动，一个人跑来跑去	参与踢球被同伴制止	说"你们都是大坏蛋"	把球踢走

活动 2　多维度解读轶事记录观察结果

1. 确定儿童情绪行为的模式

依据表 3-12 的内容，总结儿童情绪行为可能的模式。

_____

_____

2. 参考儿童情绪发展特点解读情绪行为

（1）儿童情绪行为目前水平（区间）

_____

_____

（2）儿童已经具备的情绪识别、表达和管理的技能

_____

_____

（3）儿童正在发展中的情绪识别、表达和管理的技能

_____

_____

（4）确定儿童正在进行的发展是否恰当

_____

_____

👥 要点示范

表 3-18 儿童游戏行为的两次观察结果与游戏发展顺序的比较

观察记录	2.5～6 岁同龄人游戏的发展顺序（由 Howes，1980 年改编）
9/23 表演游戏 装扮成妈妈宣布"我要去洗盘子了我要做晚饭了"。清洗盘子、锅、银器并将它们放进沥水架。莎娜看向身边拿起毛巾的儿童，也拿起一条毛巾。两人没有互动。 12/27 表演游戏 用高跟鞋和女士钱包进行装扮。椅子被摆成一条线，以作为公共汽车。莎娜坐进第一把椅子，说道："这是我的公共汽车。我要开车。加芙列拉，把你的钱给我。去那儿坐下。"加芙列拉说："我能开车吗？"莎娜没有回应，而是发动了公共汽车，她发出开车的声音。	水平 1：简单平行游戏 非常靠近，但没有眼神接触，也没有参与任何社会性行为。 水平 2：平行游戏，互相注意 参与相似活动，偶尔看向对方。可能包含模仿。 水平 3：简单社会性游戏 互相间直接的社会性行为。活动不协调。 水平 4：互补／交互意识游戏 轮流使用物品。没有语言信息交换。 水平 5：互补／交互社会性游戏 参与互补对话。反复轮流使用物品，有社会性互动。

案例来源：奥拉莉·麦卡菲.怎样评价幼儿才有效：评价和指导幼儿发展与学习的策略（原著第六版）[M].北京：中国轻工业出版社，2020：169.

（1）儿童游戏行为目前水平（区间）

9 月 23 日，儿童处于平行游水平（水平 1 和 2 之间）。

12 月 27 日，儿童处于简单社会性游戏水平。

（2）儿童已经具备的游戏技能

9 月 23 日，儿童在同伴身边游戏、参与相似的活动、模仿。

12 月 27 日，与同伴直接交谈（没有语言交换、没有轮流）。

（3）儿童正在发展中的游戏技能

9 月 23 日，结合其他观察资料发现，儿童有一两个社会性游戏和轮流的表现。

12 月 27 日，结合其他观察资料发现，儿童用短语描述同伴的游戏行为。

（4）确定儿童正在进行的发展是否恰当

结合其他观察资料得出：三个月的时间由平行游戏发展到简单的社会性游戏，发展速度与同龄人相似，符合发展顺序。

3.从儿童气质角度解读情绪行为

【职业伦理】

《特殊教育教师专业标准（试行）》在"专业知识"中指出"了解学生身心发展的特殊性与普遍性规律"。

> ※ 任务提示
>
> 在活动 2 中，解读特殊儿童行为时，我们首先要用普通儿童身心发展的理论看待特殊儿童，再用特殊教育理论看见特殊需求。

任务评价

任务完成后，依据表 3–19 对学习过程进行评价。

表 3–19　"解读轶事记录观察结果"任务评价表

指标	内容		分值	自我评价	组内互评	教师评价
任务准备	观看微课		10			
	完成自学反馈		5			
任务实施	审查观察记录是否客观和翔实完整		5			
	针对审查情况对观察记录进行修订		10			
	对观察结果分类归纳合理		20			
	对观察结果解读合理		25			
	针对审查情况对观察记录进行修订		5			
协作学习	积极参与		5			
	按时完成		5			
	协商合作		5			
	反思改进		5			
合计			100			
综合评价	自我评价（30%）	组内评价（40%）	教师评价（30%）		总分	

技能加油站

影响儿童行为的环境因素有很多，包括健康状况、所处的学习环境、教师的教学、家庭的影响以及与他人的互动等。其中，气质，也称性格或脾气，是一个常见的因素。

每个孩子天生就有他自己的气质。气质的某些方面受遗传因素的影响，从出生时就显而易见，并且贯穿一生。通俗地说，有易养型、难养型和慢热型三种气质类型。易养型的儿童容易照顾，能迅速适应新环境，容易形成规律的饮食和睡眠模式，即使很不开心，也不会哭。慢热型的儿童入睡困难，睡眠饮食不规律，对陌生的环境或人保持警惕，反应慢，受挫时会大发脾气，经常出现不愉快的情绪。难养型的儿童很难适应新的环境或事物，生物节奏可能规律也可能不规律，会回避社交互动。在解读儿童的行为时，我们要敏锐地观察儿童的表情和动作，推测儿童可能的气质类型。

任务 5　支持特殊儿童情绪行为

📋任务目标

1. 能从重塑行动、创建结构化环境方面为特殊儿童创建情绪行为支持环境。

2. 能用情绪脸谱、情绪绘本、情绪签到表、海龟技术等方法提升特殊儿童的情绪素养。

3. 能依据儿童情绪行为的不同原因给予恰当的回应。

📋任务描述

活动 1　创建安定愉悦情绪行为支持环境。

活动 2　教导情绪识别、表达和管理。

活动 3　恰当地回应儿童情绪。

📋任务准备

【知识储备】

扫码学习提供适宜支持的基础知识，并完成下面的自学反馈。

微课	[二维码] 轶事记录法—— 提供适宜支持	PPT	[二维码] 轶事记录法—— 提供适宜支持

任务实施

活动 1　创建安定愉悦情绪行为支持环境

【步骤 1】重塑行动

从儿童的需求出发，用积极的态度关注情绪问题，填入表 3–20 中。

表 3–20　重塑行动

行为表现	负向视角	正向视角

【步骤 2】创建结构化环境

针对发生情绪行为的情境，制作视觉提示卡，将制作好的提示卡或者打印版粘贴在下面方框中。

要点示范

| 感统活动 | 社交游戏 | 多感官体验 | 户外活动 | 绘本时间 |

图 3-2　活动流程视觉图卡

图片来源：梦翔儿童发展中心

活动 2　教导情绪识别、表达和管理

【步骤 1】绘制和描述情绪脸谱

绘制至少四种情绪脸谱，并从情境线索、面部线索、肢体语言、语音语调等方面描述每一种情绪，填入表 3-21 中。

表 3-21　我的情绪脸谱

情绪名称	情绪脸谱	情绪描述

【步骤 2】共读情绪绘本

推荐一本情绪绘本，并阐述推荐理由，填到表 3-22 中。

表 3-22 好书推荐

书名		作者	
适合年龄		包含情绪	
推荐理由			

【步骤 3】管理愤怒情绪

请以小组为单位模拟教学，教导儿童使用海龟技术管理愤怒情绪。

要点示范

1. 意识到自己生气了

2. 手脚放好停下来

4. 想到解决的办法，从壳里出来

3. 缩到壳里深呼吸 3 次

图 3-3 "海龟技术"管理愤怒情绪步骤（绘图：朱宇航）

活动 3　恰当地回应儿童情绪

【步骤 1】回应由于恰当原因产生的情绪行为

儿童情绪行为表现：

_____

_____

儿童情绪行为可能的原因：

□感到孤独　　□焦虑　　□受到惊吓　　□伤害　　□其他

回应策略：

_____

_____

【步骤 2】回应由于不恰当原因产生的情绪行为

儿童情绪行为表现：

_____

_____

儿童情绪行为可能的原因：

□获取社交关注　　□逃避任务、要求　　□获取喜爱项目　　□其他

回应策略：

_____

_____

【步骤 3】回应适宜情绪行为

儿童情绪行为表现：

_____

_____

回应策略：

_____

要点示范

社会性强化示范：

图 3-4　肢体接触（轻抚后背）

图 3-5　手势（棒）面部表情（微笑）

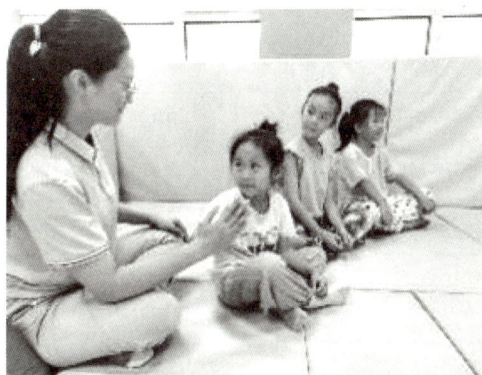

图 3-6　肢体接触击掌

【职业伦理】

《特殊教育专业师范生教师职业能力标准（试行）》在"自身修养"中指出"要有健全的人格和积极向上的精神，有较强的情绪调节与自控能力"。

※ **任务提示**

作为教师，面对儿童的情绪问题时我们也会有压力。因此在支持儿童的情绪行为时，我们首先要做到情绪安定愉悦。

任务评价

任务完成后，依据表 3-23 对学习过程进行评价。

表 3-23　"支持特殊儿童安定愉悦情绪行为"任务评价表

指标	内容	分值	自我评价	组内互评	教师评价
任务准备	观看微课	10			
	完成自学反馈	5			
任务实施	完成构建环境、教导行为和后效回应三个方面	20			
	支持策略符合目标行为	10			
	策略程序科学无误	25			
	模拟教学视频清晰、教学过程完整	10			
协作学习	积极参与	5			
	按时完成	5			
	协商合作	5			
	反思改进	5			
合计		100			
综合评价	自我评价（30%）	组内评价（40%）	教师评价（30%）	总分	

技能加油站

儿童表现出适宜行为后，我们给一个奖励，会增加这个适宜行为今后发生的可能。这种行为改变技术称为正强化。在使用正强化时，我们一定要找准对儿童有激励作用的强化物。强化物可以包括有形的物品或食物，比如薯片、火车玩具等；游戏活动，比如捉迷藏、挠痒痒等；社会性强化，比如肯定的面部表情、手势、拥抱、口头表扬等。在行为支持初期，对于能力稍差一点的特殊儿童，单纯的社会性强化效果不佳时，我们可以考虑将社会性强化与食物强化结合使用，建立儿童的学习动机。之后，逐渐撤除食物强化。

项目四 观运动促强健之体——直观呈现

项目情境

"不想运动"的小爱

特殊儿童档案

姓名：小爱　性别：女　年龄：3岁5个月

障碍类型：轻度智力障碍

性格特点：配合性好；动作迟缓、平衡差。

动画 "不想运动"的小爱

户外活动时间到了，小朋友们都在开心地运动，小爱一个人站在操场边上，静静地看着大家。阳阳老师走过来，蹲下，看着小爱说："走，老师推你荡秋千。"小爱边摆手边说："我不想去。"阳阳老师指向操场说："你看，你是想玩滑梯还是骑三轮车呢？"小爱低着头，说："哪个都不想玩儿。"阳阳老师抚摸着小爱的头说："好，那咱们讲故事吧。"小爱抬起头看着老师，说："好。"

融合教师有话说

促进儿童大肌肉运动能力的发展是学前教育的目标之一。当儿童拒绝使用大肌肉运动器械时，不仅失去了锻炼大肌肉运动能力的机会，也失去了发展自身控制力、协调力，以及阅读和书写技能的机会。

学习目标

素质目标

1. 培养以儿童为本的职业伦理素养。

2. 树立坚守特教的决心。

能力目标

1. 能依据实际需求制订追踪观察法观察计划并实施观察。

2. 能对观察结果进行条理化的总结并精准解读。

3. 能为特殊儿童粗大动作发展提供正向支持。

知识目标

1. 熟悉儿童动作平衡、灵敏、协调的典型行为表现。

2. 掌握追踪观察法的基础知识。

学习地图

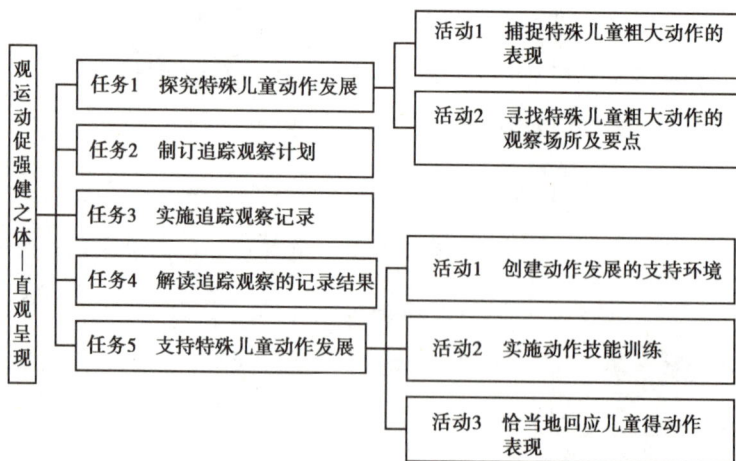

观运动促强健之体——直观呈现

任务1 探究特殊儿童动作发展
　活动1 捕捉特殊儿童粗大动作的表现
　活动2 寻找特殊儿童粗大动作的观察场所及要点

任务2 制订追踪观察计划

任务3 实施追踪观察记录

任务4 解读追踪观察的记录结果

任务5 支持特殊儿童动作发展
　活动1 创建动作发展的支持环境
　活动2 实施动作技能训练
　活动3 恰当地回应儿童得动作表现

感悟内涵

【铸师魂】以文化人

国学语录

观乎天文，以察时变；观乎人文，以化成天下。——《易经》

释义：观察天道运行规律，以认知时节的变化，注重人事伦理道德，用教化推广于天下。这提醒我们，在对儿童实施教育前，应先对其进行充分观察，了解、掌握其发展规律和特点，然后才能制订正确的措施和办法，实现目标。

【润童心】强健之体

国学语录

流水不腐，户枢不蠹，动也。——《吕氏春秋》

释义：流水不会腐臭，门上的转轴不会生蠹虫，是因为不停活动的缘故。比喻经常运动，生命力才能持久，才有旺盛的活力，即"动则身健，不动则体衰"。

【省思感悟】

1. 伴随你童年的体育游戏有哪些？

_____

_____

2. 作为我国优秀的传统文化，民间体育游戏对儿童发展有哪些价值？

_____

_____

_____

📋 项目建组

请 4～6 人自由组队，分工协作完成本项目的学习、记录和评价。具体要求如下：

1. 每组内需要有一名组长，组员每人均承担一定任务。

2. 确定组名。

3. 记录建组过程中遇到的困难和解决措施。

4. 填写下列分组情况表格。

表 4-1 项目四建组情况

组名		组长姓名		组长学号	
组员姓名	组员学号	承担任务			准备
遇到的困难					
解决措施					

任务 1　探究特殊儿童动作发展

任务目标

1. 理解粗大动作发展对特殊儿童融合的影响。

2. 熟悉《指南》中儿童粗大动作发展的表现。

3. 了解特殊儿童粗大动作发展的观察场所及要点。

4. 能捕捉到特殊儿童日常表现出的粗大动作。

任务描述

活动 1　捕捉特殊儿童粗大动作的表现。

活动 2　寻找特殊儿童粗大动作的观察场所及要点。

任务准备

【知识储备】

1. 阅读《指南》中【健康领域】——【动作发展】的相关内容。

目标 1　具有一定的平衡能力，动作协调、灵敏

3～4 岁	4～5 岁	5～6 岁
1. 能沿地面直线或在地面上平稳地走一段距离 2. 能以匍匐、膝盖悬空等多种方式钻爬 3. 能助跑跨跳过一定距离，或助跑跨跳过一定高度的物体 4. 能与他人玩追逐、躲闪跑的游戏 5. 能连续自抛自接球	1. 能在较窄的低矮物体或有一定间隔的物体上较平稳地行走 2. 能以手脚并用的方式安全地爬攀登架、网等 3. 能连续跳绳 4. 能躲避他人滚过来的球或扔过来的沙包 5. 能连续拍球	1. 能在斜坡、荡桥和较窄的低矮物体上走一段距离 2. 能双脚灵活交替上下楼梯 3. 能身体平稳地双脚连续向前跳 4. 分散跑时能躲避他人的碰撞 5. 能双手向上抛球

2. 扫码学习儿童典型行为表现基础知识.

| 微课 | [QR码] | 典型行为表现:
动作平衡灵敏
协调 | PPT | [QR码] | 典型行为表现:
动作平衡灵敏
协调 |

任务实施

活动 1　捕捉特殊儿童粗大动作的表现

【步骤 1】确定观察对象

在你所实习或任教的班级内选择一名粗大动作运动障碍（动作不平衡、不灵敏、不协调）儿童。将儿童基本信息填写在表 4–2 中。

【步骤 2】识别粗大动作表现

对照《指南》中【健康领域】——【动作发展】——【目标 1 具有一定的平衡能力,动作协调、灵敏】的具体描述,观察选定儿童的日常活动,讨论儿童表现出了哪些动作?是否与《指南》描述相符。将动作发展的相关信息填写在表 4–2 中。

表 4–2　"识别粗大动作"任务单

儿童基本信息			
化名或编号		年龄	岁　月
性别	□男□女	就读班级	□小班□中班□大班
是否特殊儿童	□是　□否 若回答是,请填写下列内容 障碍类型:□智力障碍　□多动及注意力缺陷 　　　　　□孤独症谱系障碍　□学习障碍		
粗大动作表现			
《指南》相关描述	具体表现	是否与《指南》相符	备注
		□是　□否	
		□是　□否	
		□是　□否	

续表

《指南》相关描述	具体表现	是否与《指南》相符	备注
		□是　□否	
		□是　□否	
		□是　□否	

活动 2　寻找特殊儿童粗大动作的观察场所及要点

针对上述儿童动作发展问题，寻找幼儿园可能观察到儿童粗大动作的场所，分析各场所粗大动作观察要点，并提供安全提示。

【步骤 1】寻找幼儿园可能观察到儿童粗大动作的场所

请回顾【知识储备】中的"儿童动作发展基础知识"，针对活动 1 中粗大运动障碍儿童的行为表现，寻找你所实习或任教园所可能观察到的儿童粗大动作场所，并填入表 4-3 中。

【步骤 2】分析各场所粗大动作观察要点及安全提示

请针对步骤 1 寻找到的场所，分析粗大动作观察要点及安全提示，并填入表 4-3 中。

表 4-3　"观察粗大动作"任务单

场所	设备 / 活动	粗大动作观察要点	安全提示

表4-4　"观察粗大动作"任务单范例（小班）

场所	设施／活动	粗大动作观察要点	安全提示
操场	自由活动：平衡木区	1. 儿童是否能在平衡木上行走一段距离。	1. 活动前检查平衡区材料是否结实。 2. 平衡区活动设施需置于具有缓冲性质的平地上，或在周围放置软垫，防止意外情况发生。 3. 教师应在一旁辅助和保护。
		2. 是需要在教师的指导帮助下多次尝试后才能达成，还是最终难以达成。	
		3. 儿童在活动中行进的动作（是侧身平移还是正身往前走）、速度、身体摇晃的程度，面部表情是否轻松自然，是否有保持平衡的辅助动作等。	
操场	体育游戏：扑蝴蝶	1. 儿童能否向各个方向分散行走。	1. 游戏场地尽量大一些，避免儿童在跑动过程中发生碰撞。 2. 提醒儿童不要拉拽同伴的衣服，避免摔倒。
		2. 儿童能否在飞跑的过程中躲避他人、避免碰撞。	
		3. 儿童是否能主动注意到周围同伴行走和奔跑的方向、速度等，能否调整自己的身体姿态和步伐，较灵活地躲避与他人的碰撞。	
户外	生活活动：户外散步	1. 儿童能否独立双脚灵活交替地上下楼梯，还是需要在成人的帮助下或借助扶手上下楼梯。	提醒儿童安静有序地上下楼梯，注意安全。
		2. 重点关注儿童双脚动作的配合与协调情况。	

【职业伦理】

《特殊教育专业师范生教师职业能力标准（试行）》在"班级管理"中指出"熟悉校园安全、应急管理相关规定，掌握面临特殊事件发生时保护学生的基本方法。"

※ 任务提示

在确定观察场所和活动设施时，要充分考虑场地和材料安全，为儿童活动提供安全保护措施。

任务评价

任务完成后，依据表4-5对学习过程进行评价。

表 4-5　"探究特殊儿童动作发展"任务评价表

指标	内容		分值	自我评价	组内互评	教师评价
任务准备	阅读《指南》相关内容		5			
	观看微课		10			
	完成自学反馈		5			
任务实施	活动 1	儿童粗大动作表现描述准确	15			
		确定的场所能真正观察到儿童目标粗大动作行为	15			
	活动 2	观察要点符合儿童粗大动作特点	20			
		安全提示能有效规避潜在危险	10			
协作学习	积极参与		5			
	按时完成		5			
	协商合作		5			
	反思改进		5			
合计			100			
综合评价	自我评价（30%）	组内评价（40%）	教师评价（30%）		总分	

技能加油站

重心高度是平衡的影响因素之一，重心位置越高越难维持平衡。学前儿童的身体重心相对高度比成人高，较难维持平衡。学前儿童可以通过动作改变来提升重心位置变化下的平衡能力。柳倩、周念丽和张晔在《学前儿童健康学习与发展核心经验》一书中将动作与重心变化的情况进行了梳理，见表 4-6。

表 4-6　动作和重心变化

动作	重心变化
手臂上举	重心升高
下蹲	重心下降
向左侧屈膝	重心左移

续表

动作	重心变化
向左侧屈膝	重心右移
踮脚	重心升高
做大幅度的体前屈动作	重心可能移出体外
旋转	重心可能移出体外

任务 2　制订追踪观察计划

任务目标

1. 了解追踪观察法的定义、分类和优缺点。

2. 能选定追踪观察法的观察情境并绘制地图及符号。

3. 能依据观察需求编制追踪观察记录单。

4. 能制订追踪观察计划。

5 在制订观察计划的过程中提高团队协作能力。

任务描述

针对任务 1 中粗大运动障碍儿童，围绕其动作行为，编制观察记录单并制订追踪观察计划。

任务准备

【知识储备】

1. 扫码学习追踪观察法基础知识。

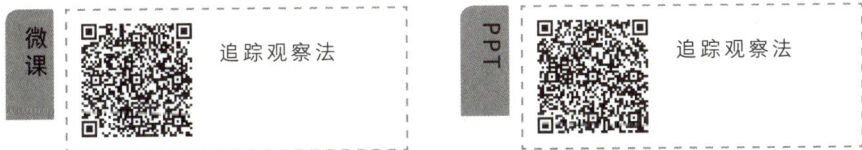

| 微课 | 追踪观察法 | PPT | 追踪观察法 |

2. 扫码学习制订追踪观察计划基础知识。

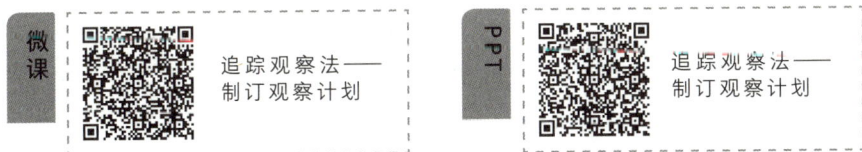

| 微课 | 追踪观察法——制订观察计划 | PPT | 追踪观察法——制订观察计划 |

📋 任务实施

【步骤 1】确定观察目的

聚焦任务 1 中了解到的儿童参与的活动及动作行为概况，确定观察的目的，将儿童基本信息及观察目的填写在表 4-10 中。

【步骤 2】明确观察目标

梳理表 4-2 中的观察要点，结合《指南》《0—6 岁儿童发展里程碑》中动作行为的相关描述，提炼不超过 3 个观察目标，填写在表 4-10 中。

👥 要点示范

在运用追踪观察法时，观察者会详细地记录儿童活动的先后顺序、持续时间、活动轨迹以及儿童在活动中的表现等内容，从而推断出儿童的活动偏好，为儿童设计的活动及提供的材料是否能够满足儿童的需要，以及儿童在哪些方面需要帮助等。

观察目的：了解小明对幼儿园户外运动器材的偏好。

观察目标：小明选择各运动器材的先后顺序、小明选择各运动器材的次数、小明在各运动器材上活动的持续时间。

【步骤 3】选定观察场所

梳理表 4-3 中的观察场所，选择 1 个最可能观察到目标行为的场所。

【步骤 4】绘制观察场所平面图

选择适宜的绘制工具，绘制观察场所平面图。

1. 选择绘制工具

绘制工具包括纸笔绘制或电子绘制，请推荐一种便捷高效的绘制工具。

_____

_____

2. 绘制观察场所平面图

观察场所平面图的构成要素：场所的平面布局、设备名称、记录符号或代码（起点、终点、停留、移动轨迹等）。

依据观察场所平面图的构成要素，将平面图绘制在本任务步骤 5 中自主编制的观察记录单内。

要点示范

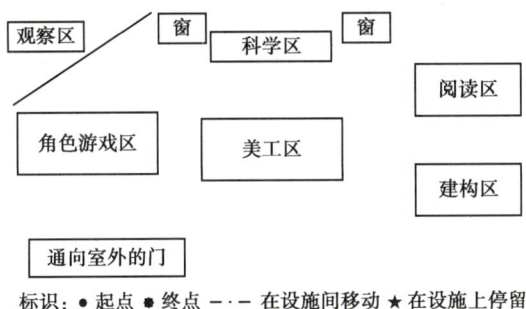

标识：● 起点 ● 终点 –·– 在设施间移动 ★ 在设施上停留

图 4-1 室内活动区平面图

改编自：李晓巍 . 儿童行为观察与案例［M］. 上海：华东师范大学出版社 .

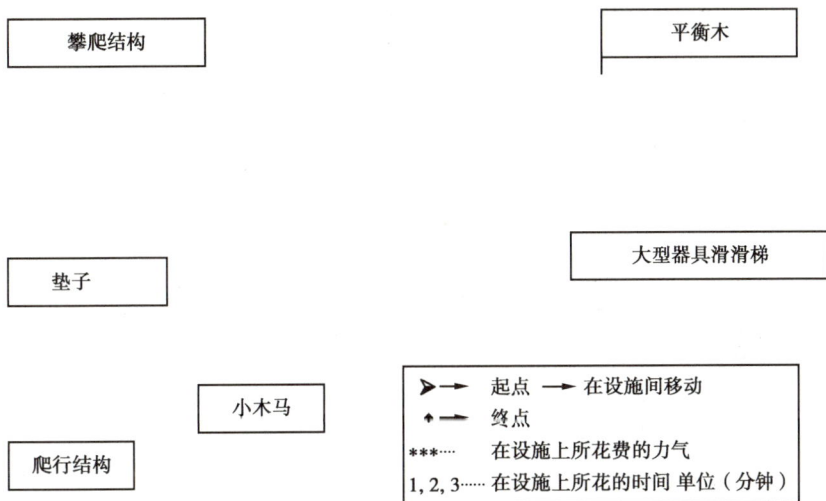

图 4-2 户外操场平面图

改编自：侯素雯，林建华 . 幼儿行为观察与指导这样做［M］. 上海：华东师范大学出版社 .

【步骤 5】编制观察记录单

依据观察目标行为的数量、观察对象的人数、观察情境的不同等因素，自主编制合适的观察记录单。

请将自主编制的观察记录单绘制在下列区域：

表 4-7　追踪观察记录单

儿童		观察日期	
观察者		观察时间	
观察目的			
观察目标			
观察地点			
在场人员			

观察记录	备注

标识：● 起点　★ 终点　—▶ 在设施间移动　★ 在设施上停留

改编自：李晓巍.幼儿行为观察与案例［M］.上海：华东师范大学出版社.

【步骤6】准备观察工具

在表4-10中填写要准备的观察工具，并从中选择一种智能观察工具在下表中进行介绍。

表4-8　观察工具介绍表

名称	图片	功能

要点示范

表4-9　观察工具介绍表范例

名称	功能
智能手环	采集儿童的基础数据，如步数、心率、卡路里等
智慧区角定位仪	全天候不间断感知儿童位置

【步骤7】制订观察计划表

表4-10　"追踪观察法"观察计划表

观察对象		班级		出生日期	年　月　日
观察者	□带班老师　□生活老师　□教学督导　□其他				
观察目的					
观察领域	□健康 □身心状况 □动作发展 □生活习惯与生活能力	□语言 □倾听与表达 □阅读与书写准备	□社会 □人际交往 □社会适应	□科学 □科学探索 □数学认知	□艺术 □感受与欣赏 □表现与创造

续表

目标行为	
观察方法	□轶事记录　□追踪观察　□检核表　□等级量表　□时间取样　□事件取样　□访谈儿童　□访谈家长　□永久性资料（□作品　□照片　□视频　□音频）
观察环境	□室内　□室外　□就餐　□常规教学　□区域活动　□午休　□其他＿＿＿＿
观察时段	□早上　□上午　□中午　□下午　□放学　□其他
观察工具	□观察记录单　□录音设备　□录像设备　□笔　□计时工具　□智能手环　□蓝牙网关　□智慧区角定位仪　□其他
观察结果	□文字　□图表
观察次数	＿＿次／天　＿＿次／周
其他事项	

👥要点示范

表 4-11　"追踪观察法"观察计划表范例

观察对象	小明	班级	大班	出生日期	2021 年 06 月 11 日
观察者	√带班老师　□生活老师　□教学督导　□其他				
观察目的	1. 了解小明对运动器材的喜好 2. 粗大动作技能发展水平				
观察领域	□健康 □身心状况 √动作发展 □生活习惯与生活能力	□语言 □倾听与表达 □阅读与书写准备	□社会 □人际交往 □社会适应	□科学 □科学探索 □数学认知	□艺术 □感受与欣赏 □表现与创造
目标行为	小明选择各运动器材的先后顺序、选择各运动器材的次数、在各运动器材上活动的持续时间、使用运动器材时表现出的粗大动作技能。				
观察方法	□轶事记录　√追踪观察　□检核表　□等级量表　□时间取样　□事件取样　□访谈儿童　□访谈家长　□永久性资料（□作品　□照片　□视频　□音频）				
观察环境	□室内　√室外　□就餐　□常规教学　□区域活动　□午休　□其他＿＿＿＿				
观察时段	□早上　√上午　□中午　□下午　□放学　□其他				
观察工具	√观察记录单　□录音设备　√录像设备　√笔　√计时工具　√智能手环　√蓝牙网关　√智慧区角定位仪　□其他				
观察结果	√文字　√图表				

观察次数	1次／天　3次／周
其他事项	林老师观察记录并与儿童互动,带班老师协助录像。

【职业伦理】

《特殊教育教师专业标准（试行）》在"专业能力"维度中指出要"整合应用现代教育技术及辅助技术,支持学生的学习"。《特殊教育专业师范生教师职业能力标准(试行）》在"信息素养"维度中指出要"主动适应信息化、人工智能等新技术变革积极有效开展教育教学的意识"。

※ 任务提示

在选择观察工具时,要充分利用智能观察工具使观察记录更加精准便捷。

任务评价

任务完成后,依据表4-12对学习过程进行评价。

表4-12　"制订追踪观察计划"任务评价表

指标	内容	分值	自我评价	组内互评	教师评价
任务准备	观看微课	10			
	完成自学反馈	5			
任务实施	观察目的符合实际需求	5			
	围绕观察目的确定目标行为	15			
	能选择并使用便捷高效的绘制工具	5			
	能全面完整地绘制观察场所平面图	20			
	观察记录单设计合理符合观察需求	10			
	能选择并使用智能观察工具	10			
协作学习	积极参与	5			
	按时完成	5			

续表

指标	内容		分值	自我评价	组内互评	教师评价
协作学习	协商合作		5			
	反思改进		5			
合计			100			
综合评价	自我评价（30%）	组内评价（40%）	教师评价（30%）		总分	

技能加油站

在儿童行为观察与分析中常碰到传统记录效率低、短时记忆难保留、人数众多易混淆、信息处理不方便等问题。特别是当观察儿童人数较多时，教师难以关注单个儿童的活动情况和需求，难以细致了解单个儿童的运动能力，难以记录游戏区域、同伴及游戏过程，造成张冠李戴、难以整理归档等问题。教师可以通过云相册、云网盘等云储存工具将儿童信息进行储存、归档，教师为每名儿童建立独立文件夹，既能做到单独储存和记录，又能通过对比发现儿童之间的差异，便于教师及时补充和整理相关资料。

任务 3　实施追踪观察记录

任务目标

1. 掌握追踪观察的记录内容和记录技巧。

2. 能结合其他方法综合观察。

3. 能运用数字观察技术，提升数字素养。

任务描述

针对任务 1 中选定的儿童，按照任务 2 中的观察计划并使用编制好的观察记录单开展观察记录。

任务准备

【知识储备】

扫码学习使用追踪观察法实施观察记录的基础知识，并完成下面的自学反馈。

| 微课 | 追踪观察法——实施观察记录 | PPT | 追踪观察法——实施观察记录 |

任务实施

【步骤 1】依据目标精准记录

自我检核：观察目标是否做到精准记录。

表 4-13　观察记录核检表

观察目标	记录呈现方式

👥要点示范

表 4-14　观察记录核检表范例

观察目标	记录呈现方式
小明选择各运动器材的先后顺序	在平面图上标注起点、终点、移动轨迹
小明选择各运动器材的次数	在平面图运动器材旁标注停留标识
小明在各运动器材上活动的持续时间	在平面图运动器材旁用不同颜色标注小明每次进入和离开的时间

【步骤 2】结合其他观察方法详细记录

请将观察结果记录到任务 2【步骤 5】自主编制的观察记录单中。

👥要点示范

示范 1：仅使用追踪观察法实施观察。

表 4-15　追踪观察记录范例 1

儿童	希希	观察日期	6 月 21 日
观察者	刘老师	观察时间	8：30 至 9：00
观察目标	追踪希希在活动区参加了哪些活动		
观察地点	班级活动室活动区		
在场人员	老师及其他儿童		

续表

观察记录	备注
观察区　　窗　科学区　窗 　　　　　　　　　　　　阅读区 角色游戏区　　美工区 　　　　　　　　　　　　建构区 通向室外的门 标识：● 起点　★ 终点　—→ 在设施间移动　★ 在设施上停留	各参与几次？ 进入区域后是否参与活动？（是否在区域内闲逛或仅路过） 为何不选择角色扮演区、建构区和科学区？

改编自：李晓巍．幼儿行为观察与案例［M］．上海：华东师范大学出版社．

示范 2：使用追踪观察法与轶事记录法实施观察。

表 4-16　追踪观察记录范例 2

儿童	小强	观察日期	3 月 21 日
观察者	林老师	观察时间	9：30 至 10：00
观察目标	（1）小强在每项器材上所花费的时间 （2）小强在使用器具时所表现出的粗大动作技能		
观察地点	幼儿园操场		
在场人员	老师及其他儿童		

观察记录	备注
滑梯　　娃娃家 树屋 　　　　9：50 9：51　山洞　　　灶台 绳索　9：35　　9：43　船 10：00　9：36　　长凳 攀爬结构　9：42 　　　9：30　平衡木 标识：● 起点　★ 终点　—→ 在设施间移动　★ 在设施上停留	标注时间为离开该区域的时间

109

续表

观察记录	备注
攀爬结构：小强刚开始时爬的速度较快，能手脚并用，且较平稳，接近顶端时速度明显放慢。爬到顶端之后，小强做了长时间停留，在教师的鼓励下他才慢慢爬下来。从横档上往下移动时，小强都要先小心地用脚试探两三次。 平衡木：在上平衡木时，小强就将两条手臂张开。刚开始时，小强步伐迈得比较小，走得十分平稳，身体基本没有出现晃动。后来，小强将步子迈大，身体开始出现明显的晃动，但基本能够利用手臂调整平衡，从平衡木上共掉下来一次。 船：小强在这里停留了较长时间。小强用手扶着船侧，一条腿迈进船底中心的位置，随后另一条腿也跨进来。在小船上坐下之后，小强张开双臂，左右摆动身体，使小船开始左右摇摆。小船摇摆的幅度由小到大，船身未出现翻倒情况。 山洞：小强三次来到山洞洞口，向里张望之后离开。绳索、树屋、滑梯、娃娃家、灶台、长凳均未使用。	知道如何维持身体平衡 为什么不敢进山洞？ 树屋未开放

改编自：李晓巍. 幼儿行为观察与案例 [M]. 上海：华东师范大学出版社.

【职业伦理】

《特殊教育专业师范生教师职业能力标准（试行）》在"专业知识"中指出："掌握针对学生可能出现的各种侵犯与侵害行为、意外事故和危险情况下的危机干预、安全防护与救助的基础知识与方法。"

※ 任务提示

在实施观察的过程中，一定要保护儿童安全，避免儿童在运动过程中受到伤害。

任务评价

任务完成后，依据表4-17对学习过程进行评价。

表4-17 "实施追踪观察"任务评价表

指标	内容	分值	自我评价	组内互评	教师评价
任务准备	观看微课	10			
	完成自学反馈	5			

续表

指标	内容	分值	自我评价	组内互评	教师评价
任务实施	依据目标精准记录	25			
	运用恰当的记录呈现方式	15			
	结合其他方法进行观察记录	15			
	客观翔实地观察记录	10			
协作学习	积极参与	5			
	按时完成	5			
	协商合作	5			
	反思改进	5			
合计		100			
综合评价	自我评价（30%）	组内评价（40%）	教师评价（30%）		总分

技能加油站

实施观察的过程中，教师需要做到以下四点：

1. 观察者所处位置：足够近能看到和听到儿童，而又足够远不被儿童发现或打扰儿童。

2. 客观地记录儿童做了什么说了什么。

3. 建立速记方法。

4. 准备夹板、照相机等工具辅助观察。

任务 4 解读追踪观察记录结果

任务目标

1.能对追踪观察结果进行审查补充。

2.能对追踪观察结果进行分类归纳。

3.能从多个维度对追踪观察结果进行解读。

任务描述

1.总结梳理任务 3 中的追踪观察记录。

2.多维度解读追踪观察结果。

任务准备

【知识储备】

扫码学习解读追踪观察法解读观察结果的基础知识。

微课	追踪观察法——解读观察结果	PPT	追踪观察法——解读观察结果

任务实施

【步骤 1】审查补充

1.审查观察记录是否客观和翔实完整。□是　□否

2.针对审查情况对观察记录进行修订。

请在任务 2【步骤 5】的观察记录中使用不同颜色的笔对观察结果进行修订。

【步骤 2】归纳整理观察结果

依据目标行为确定归类维度,参考表 4–18 的范例,归纳整理观察结果,呈现在下

列方框内。

要点示范

可能的归类维度有：持续时间、参与次数和参与人数等。

表 4-18 观察结果归类整理范例

归类维度	适用目标行为举例	观察结果		备注
持续时间	小明在每项运动器材上停留的时间	运动器械	总停留时间	为总计停留时间
		平衡木	3 分 20 秒	
		攀爬架	5 分 12 秒	
		……	……	
参与次数	小明参与每项运动器材的次数	运动器械	选择次数	
		平衡木	3 次	
		攀爬架	1 次	
		……	……	
参与人数	每项运动器材的参与儿童人数	运动器械	选择人数	大船处于维修阶段，未开放使用
		平衡木	5	
		独木桥	7	
		滑梯	15	
		大船	0	

【步骤 3】多维度解读追踪观察结果

1. 结合儿童动作发展特点解读动作发展水平

（1）儿童粗大动作目前水平（区间）

_____

_____

（2）儿童已经具备的粗大动作技能

_____

_____

（3）儿童正在发展中的粗大动作技能

_____

_____

（4）确定儿童正在进行的发展是否恰当

_____

_____

2. 考虑儿童周围环境

依据儿童周围环境对观察结果进行分析解读。

_____

_____

👥要点示范

生态系统理论强调发展个体嵌套于相互影响的一系列环境系统之中，在这些系统中，系统与个体相互作用并影响着个体发展。嵌套模型包括了四种环境系统，分别是微系统、中间系统、外系统以及宏系统。

观察结果：小强爬到顶端之后，做了长时间停留，在教师的鼓励下才慢慢爬下来，从横档上往下移动时，小强都要先小心地用脚试探两三次；小强三次来到山洞洞口，向里张望之后离开；未选择绳索这项具有挑战性的活动。

环境：小强的父母平日经常观看恐怖电影、阅读恐怖读物；经常用言语威胁恐吓小强，比如当小强不按时睡觉时，会说"再不睡觉，老巫婆就来抓你了！""再不听话，晚上怪兽就来吃掉你！"

分析解读：家中的恐怖元素及父母的恐吓和威胁导致小强胆小，缺乏参与体育活动的信心和勇气。

【职业伦理】

《特殊教育专业师范生教师职业能力标准（试行）》在"专业能力"中指出："灵活运用多元评价方法和调整策略，多视角、全过程评价学生的发展情况。"

※ 任务提示

在解读阻碍特殊儿童运动技能发展的影响因素时，要从儿童发展的生态观与整体观出发，多视角、全方位解读。

任务评价

任务完成后，依据表4-19对学习过程进行评价。

表4-19　"解读追踪观察记录结果"任务评价表

指标	内容	分值	自我评价	组内互评	教师评价
任务准备	观看微课	10			
	完成自学反馈	5			
任务实施	审查观察记录是否客观和翔实完整	10			
	针对审查情况对观察记录进行修订	10			
	将观察结果按维度归类总结	25			
	对观察结果解读合埋	20			
协作学习	积极参与	5			
	按时完成	5			
	协商合作	5			
	反思改进	5			
合计		100			
综合评价	自我评价（30%）	组内评价（40%）	教师评价（30%）		总分

技能加油站

在解读儿童行为时，教师要尽可能避免偏见，多采用正向视角。盖伊·格朗兰德和玛琳·詹姆斯在《聚焦式观察：儿童观察、评价与课程设计》一书中描绘了解决儿童行为时两种截然不同的视角：负向视角和正向视角。

表 4-20　负向视角和正向视角

负向视角	正向视角
这孩子对于什么是安全感毫无概念	这个孩子是充满活力的探险家、不知疲倦的实验家、具有奉献精神的科学家
这孩子缺乏耐心	这个孩子渴望从自己的经验中以及与他人的互动中学到东西
这个孩子爱发脾气	这个孩子正在从依赖走向独立

任务 5　支持特殊儿童动作发展

任务目标

1. 能为特殊儿童创建动作发展支持环境。

2. 能根据特殊儿童需求调整活动过程。

3. 能通过动作技能训练，特别是运用民间游戏提升特殊儿童的动作技能水平。

4. 能根据影响儿童动作发展的不同原因给予恰当的回应。

任务描述

活动 1　创建动作发展的支持环境。

活动 2　实施动作技能训练。

活动 3　恰当地回应儿童的动作表现。

任务准备

【知识储备】

扫码学习提供粗大动作行为支持的基础知识。

| 微课 | 追踪观察法——提供适宜支持 | PPT | 追踪观察法——提供适宜支持 |

任务实施

活动 1　创建动作发展的支持环境

【步骤 1】创建支持性的物质环境

任选一个幼儿园户外运动器材，进行改建和调整，以适应粗大动作障碍的儿童使用。

将器材名称和调整策略填写在下表中，并将设计草图画在下表中。

表 4-21　户外运动器材调整策略

器材名称	调整策略	设计图

要点示范

表 4-22　户外运动器材调整策略范例

器材名称	调整策略	设计图
秋千	1. 通过半倾斜式设计提供更好的上半身/下半身的身体支撑，手臂和腿部可获得休息 2. 可调节安全带将儿童固定在座椅上，避免安全事故发生 3. 容易连接到其他秋千上，便于与普通儿童一起玩耍	
滑梯	1. 设有三个大坡道，可以让轮椅进入 2. 坡道之间设有较大区域，为轮椅使用者提供了转身的空间 3. 坡道两旁设有扶手，为儿童提供支撑和保护	

【步骤 2】创建支持性的心理环境

设计班级宣导活动中所需的卡片或漫画，帮助普通儿童了解粗大运动障碍儿童的特点以及提供协助的方法。

要点示范

图 4-3 了解粗大运动障碍儿童漫画（绘画：山东特殊教育职业学院 于媛媛）

图 4-4 帮助粗大运动障碍儿童漫画（绘画：山东特殊教育职业学院 孙欣宇）

【职业伦理】

《特殊教育专业师范生教师职业能力标准（试行）》在"情境创设"和"心理辅导"中指出"能够创设安全、平等、适宜、融合的教学情境，关注学生心理健康，了解特殊学生身体、情感发展的特性和差异性。"

※ 任务提示

在构建支持环境时，要充分考虑特殊儿童心理需求，促进儿童心理健康发展。

活动 2　实施动作技能训练

推荐一个民间体育游戏，并根据粗大运动障碍儿童需求调整游戏玩法和规则，填到下表中。

表 4-23　民间游戏选择与调整

游戏名称		适合年龄	
规则及玩法		可能发展的粗大动作	
儿童情况分析			
玩法及规则调整			

👥 要点示范

表 4-24 民间游戏选择与调整范例

游戏名称	夹包射门	适合年龄	5～6岁
规则及玩法		可能发展的粗大动作和能力	
儿童两脚夹住一个沙包,向前跳动。跳至起射线时,两脚夹起沙包向铁环中央甩去,看看能否射进门。		发展儿童双脚跳等粗大动作,提升儿童的下肢力量和身体协调性。	
儿童情况分析			
用双脚夹物体有困难,下肢力量和身体协调性不足。			
玩法及规则调整			
分别缩短儿童与射线、射线与铁环之间的距离,儿童跳至射线前夹沙包或者踢沙包射门。			

活动 3 恰当地回应儿童的动作表现

【步骤 1】回应由于恰当原因产生的动作行为

儿童动作行为:

_____

_____

儿童动作行为可能的原因:

□运动障碍　　□未理解任务要求　　□受伤　　□失败经历　　□胆小恐惧

□其他

回应策略:

_____

_____

【步骤 2】回应由于不恰当原因产生的动作行为

儿童动作行为:

_____

儿童动作行为可能的原因：

□逃避任务、要求　　□获取社交关注　　□其他

回应策略：

_____

_____

【步骤 3】回应适宜动作行为

儿童动作行为表现：

_____

_____

回应策略：

_____

_____

【职业伦理】

《特殊教育专业师范生教师职业能力标准（试行）》在"自身修养"中指出："掌握一定的自然和人文社会科学知识，传承中华优秀传统文化，具有人文底蕴、科学精神和审美能力。"

※ **任务提示**

教师要具备传承中华优秀传统文化的责任感。民间游戏具有浓厚区域文化气息、玩法简单易学、趣味性强、材料简便，不受人数、场地、环境等限制，需要我们去传承。

任务评价

任务完成后，依据表4-25对学习过程进行评价。

表 4-25　"支持特殊儿童动作发展"任务评价表

指标	内容	分值	自我评价	组内互评	教师评价
任务准备	观看微课	10			
	完成自学反馈	5			
任务实施	创建动作发展的支持环境	15			
	支持策略符合目标行为	15			
	根据儿童需求选择并调整民间游戏	25			
	恰当回应儿童的动作表现	10			
协作学习	积极参与	5			
	按时完成	5			
	协商合作	5			
	反思改进	5			
合计		100			
综合评价	自我评价（30%）	组内评价（40%）	教师评价（30%）		总分

技能加油站

　　发育迟缓、孤独症、情绪障碍以及智能障碍等类型的特殊儿童虽然可能会跑会跳，但是他们的骨盆能力和下肢控制能力往往存在问题。他们一旦可以行走后，大部分的活动都是直立行走和跑跳，甚至是踮着脚尖跑跳，这些活动导致儿童整体的伸直张力越来越强，进而失去了平衡。

　　我们需要补足骨盆的能力以及弯曲的张力，使整体的伸直和弯曲的张力能够达到相对平衡。李宝珍和戴玉敏在"以知觉—动作为核心的学习适应性课程"中列出了常见的能力提升动作（见表 4-26）。

表 4-26　骨盆能力以及弯曲张力提升动作

动作	动作介绍	示范图片	
		正面	侧面
跪立	跪立后主要靠骨盆的伸直能力支撑维持稳定,同时膝关节屈曲,膝后的弯曲肌和腘绳肌处于收缩状态,促使膝关节的弯曲张力的提升。		
跪走	在跪立的姿势下向前移动,除了骨盆的支撑,同时能够抬起一只脚向前迈,骨盆的弯曲肌髂腰肌腘绳肌也处于收缩的状态,促进骨盆下肢的弯曲张力的发展。		
蹲姿	骨盆下肢和足踝都处于弯曲的状态,弯曲肌肉处于收缩状态,能够有效地补入骨盆下肢的弯曲的张力。		
蹲走	在蹲姿下向前迈步,对下肢弯曲的能力要求更高,可以补入大量的弯曲的张力。		

续表

动作	动作介绍	示范图片	
		正面	侧面
仰卧起坐类	屈膝的仰卧起坐，提升躯干的弯曲的张力。		

项目五 观兴趣促一技之长——永久资料

"痴迷恐龙"的小和

特殊儿童档案

姓名：小和　性别：男　年龄：4岁6个月

障碍类型：高功能孤独症

性格特点：观察力强；喜欢画画、痴迷恐龙。

> 动画 [QR code] "痴迷恐龙"
> 的小和

小和是个痴迷恐龙的孩子。每次拿到新的恐龙玩具，他都会高兴得手舞足蹈。有时他会专注地拼恐龙积木。有时，他会安安静静地画各种各样的恐龙。他甚至还能给自己画的恐龙讲一个故事。

融合教师有话说

兴趣是最好的老师。捕捉和记录儿童的兴趣爱好，可以更好地了解儿童优势和发展需求。

📋⭐学习目标

素质目标

1.树立以长促长、因材施教的特殊儿童教育观。

2.培养彼此成就的师幼幸福感。

能力目标

1.能依据实际需求确定成长档案的内容。

2.能规划儿童成长档案。

3.能使用拍照、录影和录像技术收集和编辑永久性资料。

4.能合理保存和管理永久性资料。

5.能多维度和多渠道解读儿童绘画作品。

6.能有效支持特殊儿童感受美、表现美和创造美。

知识目标

1.掌握儿童喜欢涂涂画画的典型行为表现。

2.了解永久性资料的含义、特征和优缺点。

3.掌握成长档案的内容组成。

4.掌握轶事记录法观察情境的特点。

5.熟悉各种永久性资料的收集与整理原则。

6.了解儿童绘画作品的意义。

学习地图

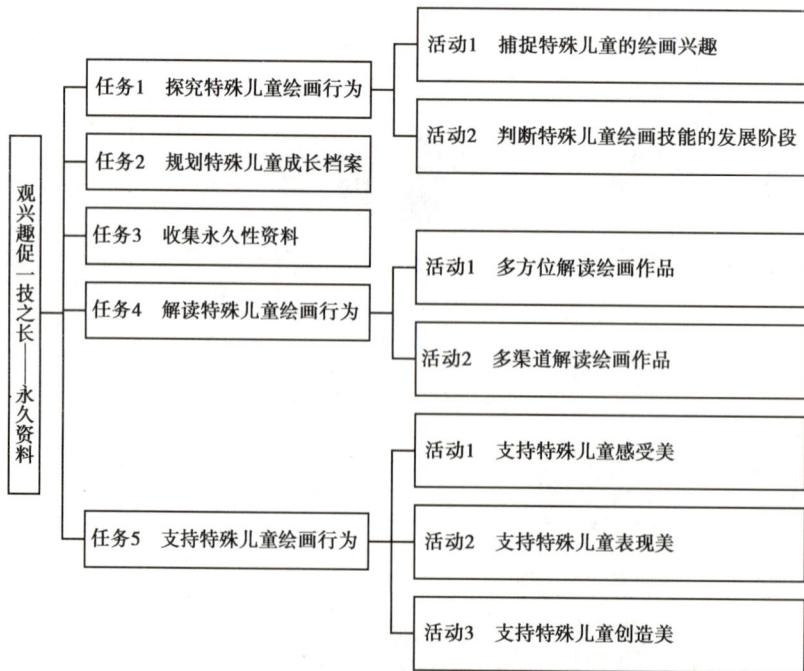

感悟内涵

【铸师魂】因材施教

> ## 国学语录
>
> 因人而施之，教也，各成其材矣，而同归于善。——明·王守仁《别王纯甫序》

意思是：根据每个人的性格特点开展教学，才是科学的教育方法，使受教育者充分发展各自的才能和专长，而共同具备良好的品质。

教育要尊重差异，以长促长，以长促全，扬长教育让每一个学生都能体验成功。

【省思感悟】

利用网络搜索展现孤独症儿童美术、音乐等兴趣爱好的故事，并参与下列讨论。

1. 谈谈你的感受：

_____

_____

2. 你认为绘画对特殊儿童有什么意义？

_____

_____

【润童心】一技之长

> ## 国学礼仪
>
> 知之者不如好之者，好之者不如乐之者。——《论语·雍也》

意思是：懂得学习的人不如喜爱学习的人，而喜爱学习的人不如以学习为乐趣的人。

这句话包含了学习的三个层次：知之、好之、乐之，也就是理智上知道应该学、感性上喜爱学。最高境界是体验到学习的乐趣，这是理性和感性认同叠加获得的灵魂深处的幸福感体验。

兴趣是激励学习的最好老师。

项目建组

请4~6人自由组队，分工协作完成本项目的学习、记录和评价。具体要求如下：

1.每组内需要有一名组长，组员每人均承担一定任务。

2.确定组名。

3.记录建组过程中遇到的困难和解决的措施。

4.填写下列分组情况表格。

表 5-1　项目五建组情况

组名		组长姓名		组长学号	
组员姓名	组员学号	承担任务			准备
遇到的困难					
解决措施					

任务1　探究特殊儿童绘画行为

任务目标

1. 理解绘画技能对特殊儿童融合的重要意义。

2. 掌握儿童绘画技能的发展顺序。熟悉《指南》中儿童绘画行为的表现。

3. 了解特殊儿童绘画行为的观察情境及观察要点。

4. 能判断特殊儿童绘画技能的发展阶段。

5. 建立尊重个体差异、发扬儿童兴趣的职业理念。

任务描述

活动1　捕捉特殊儿童的绘画兴趣。

活动2　判断特殊儿童绘画技能的发展阶段。

任务准备

【知识储备】

1. 阅读《指南》中【艺术领域】——【表现与创造子领域】的相关内容。

目标1　喜欢进行艺术活动并大胆表现

3～4岁	4～5岁	5～6岁
经常涂涂画画、粘粘贴贴并乐在其中	经常用绘画、捏泥、手工制作等多种方式表现自己的所见所想	能用多种工具、材料或不同的表现手法表达自己的感受和想象

目标2　具有初步的艺术表现与创造能力

3～4岁	4～5岁	5～6岁
能用简单的线条和色彩大体画出自己想画的人或事物	能运用绘画、手工制作等方式表现自己观察到或想象的事物	

2.扫码学习儿童典型行为表现基础知识。

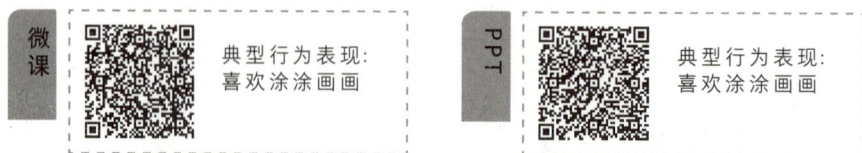

微课	[二维码]	典型行为表现： 喜欢涂涂画画	PPT	[二维码]	典型行为表现： 喜欢涂涂画画

任务实施

活动 1　捕捉特殊儿童的绘画兴趣

【步骤 1】确定观察对象

在你所实习或任教的班级内分别选择一名对绘画感兴趣的儿童。将儿童基本信息填写在表 5–2 中。

【步骤 2】捕捉特殊儿童绘画兴趣

对照《指南》中【艺术领域】——【表现与创造子领域】——【目标 1 喜欢进行艺术活动并大胆表现】【目标 2 具有初步的艺术表现与创造能力】的具体描述，观察选定儿童的日常活动，讨论儿童表现出了哪些绘画兴趣，是否与《指南》描述相符，相关信息填写在表 5–2 中。

表 5–2　"捕捉儿童绘画兴趣"任务单

儿童基本信息			
化名或编号		年龄	岁　月
性别	□男　□女	就读班级	□小班　□中班 □大班
是否特殊儿童	□是　□否 若回答是，请填写下列内容 障碍类型：□智力障碍　　□多动及注意力缺陷 　　　　　　□孤独症谱系障碍　□学习障碍		
绘画行为表现			
《指南》相关描述	具体表现	是否与《指南》相符	备注
		□是　□否	
		□是　□否	

续表

《指南》相关描述	具体表现	是否与《指南》相符	备注
		□是　□否	
		□是　□否	
		□是　□否	
		□是　□否	

【职业伦理】

《特殊教育教师专业标准（试行）》在"专业理念和师德维度"中指出要"引导学生正确认识和对待残疾，自尊自信、自强自立"。

> ※ 任务提示
>
> 在捕捉儿童绘画兴趣的过程中，要用欣赏的态度，让学生感受到自己的优势。

活动 2　判断特殊儿童绘画技能的发展阶段

【步骤 1】确定观察对象

选择一名绘画技能相对落后的特殊儿童，将其基本信息填入表 5–3。

【步骤 2】收集儿童绘画作品

请将收集到的儿童绘画作品电子版粘贴在表 5–3 中。

【步骤 3】判断儿童绘画技能的发展阶段

请回顾【知识储备】中的"儿童绘画行为基础知识"，分析收集到的儿童绘画作品，判断其技能发展阶段，填入表 5–3。

表 5–3　"判断特殊儿童绘画技能的发展阶段"任务单

儿童基本信息			
化名或编号		年龄	岁　　月

续表

性别	□男　□女	就读班级	□小班　□中班　□大班
是否特殊儿童	□是　□否 若回答是，请填写下列内容 障碍类型：□智力障碍　□多动及注意力缺陷 　　　　　　□孤独症谱系障碍　□学习障碍		
绘画技能发展阶段			
绘画作品	绘画技能发展阶段	发展年龄区间	判断依据

👥**要点示范**

表5–4　"判断特殊儿童绘画技能的发展阶段"示范

绘画技能发展阶段		
绘画技能发展阶段	发展年龄区间	判断依据
涂鸦期（一维涂鸦）	1～2岁	以肘做轴，画扇形、左右往返形线条。
涂鸦期（二维涂鸦）	2～2.5岁	可以画出封闭的圆，一条单独的直线或曲线。
涂鸦期（三维涂鸦）	2.5～3.5岁	涂色现象。
象征期	3.5～4岁	线条具有表征意义。比如，长长的横线代表小河，短短的竖线代表小草。
前图式期	4～5岁	出现同存表达，比如同一只蝴蝶在画面上多次出现，表示飞行的路线。 按照物体的固有色着色，比如红花、绿叶。
	5～6岁	关注事物间的联系。

【职业伦理】

《特殊教育教师专业标准（试行）》在"专业理念和师德维度"中指出"了解学生身心发展的特殊性与普遍性规律……"。

※ 任务提示

在判断儿童绘画技能发展阶段的过程中，要熟悉一般儿童绘画技能发展的顺序，也要考虑特殊儿童自身的特殊性。

任务评价

任务完成后，依据表5-5对学习过程进行评价。

表 5-5　"探究特殊儿童绘画行为"任务评价表

指标	内容		分值	自我评价	组内互评	教师评价
任务准备	观看微课		5			
	完成自学反馈		10			
任务实施	活动1	保护儿童隐私	5			
		儿童绘画行为表现描述准确	20			
		儿童绘画技能发展阶段判断准确	10			
	活动2	儿童绘画技能发展年龄判断准确	10			
		儿童绘画技能发展阶段判断依据合理	20			
协作学习	积极参与		5			
	按时完成		5			
	协商合作		5			
	反思改进		5			
合计			100			
综合评价	自我评价（30%）	组内评价（40%）	教师评价（30%）		总分	

★ 技能加油站

在传统的融合教育中，我们一般会针对儿童的缺陷和不足制订教育计划，这不仅会让教育者对学生的发展潜能产生负面的理解，更会让特殊儿童及其家人产生畏难情绪和挫败感，进而影响其参与融合教学活动。

基于优势的个别化教育计划的理念是所有的儿童均有不同的优势。当儿童无法展现出某项技能时，这意味着不是学生有缺陷，而是学生此时缺乏掌握技能所需的机会、经验和指导。通过这一观念的转变，使教育者转向更平衡、更全面的视角，基于儿童的优势来改善薄弱领域，为学生提供了一个真正的机会来发展他们作为学习者的主动性、自信心和独立性。

任务 2　规划特殊儿童成长档案

任务目标

1. 了解永久性资料的定义、特征和优缺点。

2. 能依据观察目的规划成长档案的内容。

3. 能依据观察需求编制永久性资料记录单。

4. 在规划成长档案的过程中树立建基强项、发展潜能的融合教育观。

任务描述

针对任务 1 中绘画技能落后儿童，围绕其绘画技能行为，规划成长档案。

任务准备

【知识储备】

1. 扫码学习永久性资料基础知识。

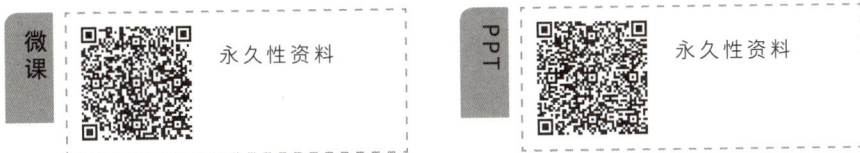

| 微课 | 永久性资料 | PPT | 永久性资料 |

2. 扫码学习制订观察计划基础知识。

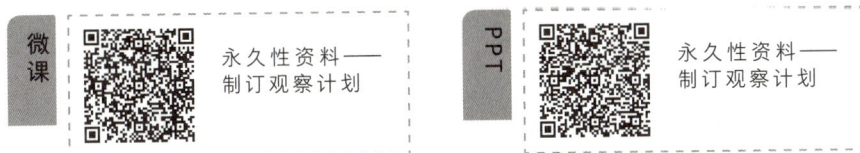

| 微课 | 永久性资料——制订观察计划 | PPT | 永久性资料——制订观察计划 |

任务实施

【步骤 1】确定观察目的

聚焦任务 1 中了解到的儿童绘画行为概况，确定观察的目的，将儿童基本信息及观察目的填写在表 5-9 中。

🧑‍🦰要点示范

成长档案观察目的 1：确定儿童的状态与进展。

比如：展示儿童一学期创作彩泥中的精细动作和艺术表现及创造力。

成长档案观察目的 2：展现教学情况。

比如：展现班级儿童在"大家来逛动物园"主题教学活动中的艺术表现及创造力。

【步骤 2】明确观察目标

回顾任务 1 中绘画行为的观察要点，结合《指南》《0 ~ 6 岁儿童发展里程碑》中的绘画行为的相关描述，提炼不超过 3 个观察目标，填写在表 5-9 中。

🧑‍🦰要点示范

观察目的：了解儿童在手工活动中的精细动作能力和解决问题能力。

观察目标：

1. 使用剪刀和胶棒的能力。

2. 规划手工作品并思考怎么做出来的能力。

【步骤 3】规划儿童常态作品

确定代表儿童"平均水平"并能体现儿童一段时间内进展的作品，并将相关信息填入表 5-9 中。

🧑‍🦰要点示范

表 5-6　"规划儿童常态作品"范例

儿童常态作品			
收集场景	作品类型	收集时间	收集者
手工课 做彩泥作品	1. 拍、压等特定动作的照片 2. 彩泥作品照片 3. 制作过程视频	学期初 学期中 学期末	教师 教师 教师

【步骤 4】规划儿童特色作品

规划呈现儿童个人兴趣、特长、学习方式、重要成就的特色作品信息，填写在表 5-7 中。

要点示范

表 5-7　"规划儿童特色作品"范例

儿童特色作品			
收集场景	作品类型	收集时间	收集者
个人用撕纸及刮画等方式表现平面的恐龙	1. 原始作品 2. 活动照片	任何时间	教师或学生自己
个人用积木、彩泥表现立体的恐龙	1. 原始作品 2. 活动照片	任何时间	教师或学生自己
小组用多种材料制作大型恐龙	1. 原始作品 2. 活动照片	任何时间	教师或学生自己
用自己的作品布置一个恐龙博物馆并介绍	1. 原始作品 2. 活动照片 3. 视频	任何时间	教师或学生自己

【步骤 5】确定归档形式并收集记录单

1. 确定是采用电子归档还是制作实体档案，填在表 5-8 中。

2. 编制作品收集记录单，绘制在下列方框中。

👥**要点示范**

表 5-8 "永久性资料"收集记录单范例

日期		观察者		课程领域	
活动主题					

作品	记录	分析

【步骤6】准备收集工具

依据作品类型和归档方式准备作品收集工具，填入表5-9中。

表 5-9 "儿童成长档案"规划表

观察对象		班级		出生日期	年　月　日
观察目的					
观察领域	□健康 □身心状况 □动作发展 □生活习惯与 　生活能力	□语言 □倾听与表达 □阅读与书写 准备	□社会 □人际交往 □社会适应	□科学 □科学探索 □数学认知	□艺术 □感受与欣赏 □表现与创造
目标行为					
观察方法	□轶事记录　□检核表　□等级量表　□时间取样　□事件取样　□访谈儿童 □访谈家长　□永久性资料（□作品　□照片　□视频　□音频）				
儿童常态作品					
收集场景	作品类型		收集时间		收集者

续表

儿童特色作品			
收集场景	作品类型	收集时间	收集者
收集工具	□观察记录单　□录音设备　□录像设备　□笔　□计时工具		
归档形式	□实体档案　□电子档案		
其他事项			

【职业伦理】

《特殊教育专业师范生教师职业能力标准（试行）》在"综合育人能力"中指出："能够利用技术手段收集学生成长过程中的关键信息，建立学生成长电子档案。"

※ **任务提示**

在规划成长档案的过程中，尝试了解各种信息技术手段，掌握建立电子成长档案的方法。

任务评价

任务完成后，依据表5-10对学习过程进行评价。

表 5-10 "规划特殊儿童成长档案"任务评价表

指标	内容	分值	自我评价	组内互评	教师评价
任务准备	观看微课	10			
	完成自学反馈	5			
任务实施	观察目的符合实际需求	5			
	目标行为具体明确	20			
	常态作品的类型及收集时间规划合理	15			
	特色作品的类型及收集时间规划合理	15			
	观察记录单设计合理，符合观察目的	10			
协作学习	积极参与	5			
	按时完成	5			
	协商合作	5			
	反思改进	5			
合计		100			
综合评价	自我评价（30%）	组内评价（40%）	教师评价（30%）		总分

技能加油站

美国教育评价专家麦索尔斯和他的同事开发了以表现性评价理论为基础的作品取样系统。这是一套专门为幼儿园和小学设计的儿童学习发展评价系统，包含发展指引与发展检核表、作品集（又译为档案）和综合报告三个要素。

发展指引与发展检核表提供了一个观察 3 ～ 6 岁儿童发展的架构和一套观察指标，采用三级（尚未发展、发展中、熟练）评定方式，代表儿童在各项表现指标上的发展程度。

作品集是作品取样系统的核心要素，用来有目的地收集儿童的作品，以展现儿童的努力、进步与成就。一个完整的作品集包含核心项目和个人项目。核心项目用来收集儿童在语言与文学、数学思考、科学思考、社会文化和艺术五个领域的跨时间作品，以便反映儿童在各个领域内某一特定学习指标的进展情况。个人项目用来展现儿童特质。

　　教师运用发展指引与发展检核表观察儿童表现，并将儿童作品收集在作品集中，最后根据儿童一段时间的表现，撰写综合报告，为后续教学提供参考。

　　在作品取样系统中，三个要素互相支撑，组成一个完整的评价系统。

任务 3 收集永久性资料

任务目标

1. 能依据观察目的选择恰当的拍摄角度和画面构图。

2. 能使用信息技术存储永久性资料。

3. 能使用录音设备及相关软件录制并编辑音频资料。

4. 能使用录像设备及相关软件录制并编辑视频资料。

任务描述

针对任务 1 中选定的儿童，按照任务 2 中的规划方案收集永久性资料。

任务准备

【知识储备】

扫码学习实施观察记录的基础知识，并完成下面的自学反馈。

微课		永久性资料—— 实施观察记录

PPT		永久性资料—— 实施观察记录

任务实施

【步骤 1】拍摄原始作品或活动的照片

1. 将需要以照片形式呈现的儿童永久性资料拍照，并选择一幅最能还原原始作品或活动场景的照片粘贴在下列方框中。

2. 用信息技术获取原始作品的电子版

分享一款你经常使用的扫描软件，在下列横线处填入基本信息。

软件名称：＿＿＿＿＿＿＿＿＿＿＿＿＿＿＿＿＿＿＿＿＿＿

基本功能：＿＿＿＿＿＿＿＿＿＿＿＿＿＿＿＿＿＿＿＿＿＿

要点示范

1. 活动照片

示例	技巧
	蹲下来，低角度拍摄
	侧拍展现活动场景

续表

示例	技巧
	侧拍不打扰孩子活动
	横屏拍摄符合观看习惯
	虚化背景，突出主体
	动作连拍

2. 还原原始作品

| | 背景干净、画面居中 |

图片来源：济南市市中区睿城幼儿园

【步骤 2】录音并编辑音频文件

1. 推荐一款常用的录音及音频编辑软件，将基本信息填入下列横线处。

软件名称：＿＿＿＿＿＿＿＿＿＿＿＿＿＿＿＿＿＿＿＿＿＿＿＿＿＿＿

使用方法：＿＿＿＿＿＿＿＿＿＿＿＿＿＿＿＿＿＿＿＿＿＿＿＿＿＿＿

2. 依据观察目的，录制一段儿童介绍自己作品的音频文件并进行合理编辑。

【步骤 3】录制活动视频并编辑视频文件

1. 推荐一款常用的录像及视频编辑软件，将基本信息填入下列横线处。

软件名称：＿＿＿＿＿＿＿＿＿＿＿＿＿＿＿＿＿＿＿＿＿＿＿＿＿＿＿

使用方法：＿＿＿＿＿＿＿＿＿＿＿＿＿＿＿＿＿＿＿＿＿＿＿＿＿＿＿

2. 依据观察目的，录制一段儿童创作作品的视频文件进行合理编辑。

【步骤 4】结合其他观察方法进行观察记录

在搜集永久性资料的过程中，结合其他观察方法实施观察记录，以便获取更加详细的观察信息，并将观察记录填写在任务 2 的记录单中。

要点示范

日期	09/11/2018	观察者	张老师	课程领域	艺术 / 表现与创作
活动主题			我爱妈妈		

作品	解释

图片来源：济南市历下区锦屏幼儿园

【职业伦理】

《特殊教育教师专业标准（试行）》在"专业能力"中指出："对学生日常表现进行观察与判断，及时发现和赏识每一位学生的点滴进步。"

※ 任务提示

在收集永久性资料的过程中，教师要有一双发现美的眼睛，捕捉儿童的美好瞬间。

任务评价

任务完成后，依据表 5-11 对学习过程进行评价。

表 5-11　"收集永久性资料"任务评价表

指标	内容	分值	自我评价	组内互评	教师评价
任务准备	观看微课	10			
	完成自学反馈	5			
任务实施	照片能还原作品或活动场景	15			
	音频音质清晰	10			
	视频能呈现观察场景及观察要点	10			
	使用信息技术收集永久性资料	15			
	结合其他观察方法进行观察记录	10			
	辅以照片说明	5			
协作学习	积极参与	5			
	按时完成	5			
	协商合作	5			
	反思改进	5			
合计		100			
综合评价	自我评价（30%）	组内评价（40%）	教师评价（30%）	总分	

技能加油站

　　儿童电子成长档案主要包括儿童基本信息资料、照片、姓名、年龄、性别、爱好、昵称等。电子成长档案袋要记录包括家庭和幼儿园的行为观察，需要家长和老师共同完成，电子成长档案是比较方便快捷的方式。可以分为两个模块：幼儿园档案与生活档案。

　　在园时孩子的评价记录，包括领域观察评价、典型表现行为、家庭教育指导策略、儿童的作品；在家时的孩子成长记录（喜欢的物品、动物等，学会的本领，儿童的某个第一次等值得记录的事情）、照片，包括儿童在家的一些重要时刻与逸事。家长与教师寄语，家长与教师表达的对孩子的期望与建议等，这些内容的生成，离不开日常对儿童的观察记录。呈现的方式可以有图文、音频、视频等。

任务 4　解读特殊儿童绘画行为

任务目标

1. 能从儿童情感、能力水平和兴趣爱好多方位解读绘画行为。

2. 能从看问听多渠道解读绘画行为。

3. 在解读儿童绘画行为的过程中能尊重特殊儿童。

任务描述

活动 1　多方位解读绘画作品。

活动 2　多渠道解读绘画作品。

任务准备

【知识储备】

1. 扫码学习总结总结观察结果的基础知识。

| 微课 | 永久性资料——
总结观察结果 | PPT | 永久性资料——
总结观察结果 |

2. 扫码学习解读观察结果的基础知识。

| 微课 | 永久性资料——
解读观察结果 | PPT | 永久性资料——
解读观察结果 |

任务实施

活动1　多方位解读绘画作品

【步骤1】解读儿童的情感状态

针对任务3中收集到的儿童绘画作品，结合相关观察记录或者活动视频，分析儿童在作品中蕴含的情感状态，将分析结果填入观察记录单中。

要点示范

作品	儿童表述	蕴含的情感状态
	乐乐在树林里玩，遇到一位老奶奶，她问："小朋友，你在干什么？"乐乐说："我在摘花，我要送给我的妈妈。"	表达对妈妈的爱

图片来源：济南市历下区锦屏幼儿园

【步骤2】解读特殊儿童能力水平

针对任务3中收集到的儿童绘画作品，结合相关观察记录或者活动视频，分析儿童在作品中体现出来的能力水平，将分析结果填入观察记录单中。

👥**要点示范**

作品	儿童能力水平
	精细动作: 儿童能用较为流畅、熟练的线条表现物体的整体形象, 画面造型趋于复杂化。 身体认知: 人物造型比较完整, 有了躯干、头、眼睛、嘴巴、胳膊、腿和脚, 手臂也分成了胳膊和手, 还通过发型、动作等细节表现人物的性别。

图片来源: 济南市历下区锦屏幼儿园

【步骤 3】解读特殊儿童兴趣爱好

分析儿童多个绘画作品, 从中找出儿童的兴趣爱好, 并填写在观察记录单中。

活动2　多渠道解读绘画作品

【步骤 1】看特殊儿童的绘画过程

通过视频或者现场观看儿童创作活动的过程, 分析儿童的思维习惯、学习品质等, 填在观察记录单中。

【步骤 2】问特殊儿童的绘画表征

通过中立的问句, 鼓励儿童讲述自己的作品, 并将提问及儿童的描述填在记录单中。

👥**要点示范**

1. 中性问话: 是什么? 是谁? 为什么是这样的?

2. 鼓励性问话: 然后呢? 接下来呢?

【步骤 3】听特殊儿童的自主表达

耐心倾听儿童在创作过程中的自主表达，感受儿童在创作过程中的心情变化、创作过程的调整以及创作过程中与同伴的交流分享，填在观察记录单中。

【职业伦理】

《特殊教育专业教师专业标准（试行）》在"专业知识"中指出"具有相应的艺术欣赏和表现知识"。

※ 任务提示

在解读特殊儿童绘画作品时，需要具备一定的艺术欣赏和审美能力。

任务评价

任务完成后，依据表 5-12 对学习过程进行评价。

表 5-12　"解读特殊儿童绘画行为"任务评价表

指标	内容	分值	自我评价	组内互评	教师评价
任务准备	观看微课	10			
	完成自学反馈	5			
任务实施	合理解读儿童的情感状态	10			
	正确解读儿童能力水平	10			
	准确归纳儿童兴趣爱好	10			
	客观分析儿童绘画过程	15			
	中立询问儿童绘画表征	10			
	耐心倾听并分析儿童自主表述	10			
协作学习	积极参与	5			
	按时完成	5			
	协商合作	5			
	反思改进	5			
合计		100			

续表

综合评价	自我评价（30%）	组内评价（40%）	教师评价（30%）	总分

🗒️技能加油站

儿童绘画是儿童艺术创作的重要形式之一，在儿童眼里，绘画活动更像是一场游戏，是他们对外部世界的真实感受和内心世界的真诚流露。儿童绘画不仅描述了他们眼中的世界形象，更是他们和世界表达情绪、情感和感受的媒介。绘画作品中通常有各种符号化语言、鲜艳的颜色等，如线条、圆圈等，代表了儿童的表达能力和自我意识。同时通过画面表现了儿童的想象力和创造力。

儿童的绘画表征是儿童内在思维的一种表达方式，不同年龄阶段的儿童，在绘画表征中的重点也会不同，如小班年龄阶段的儿童，基本会用简单的线条与形状来表征游戏或者活动的心情、情绪，表征中富有一定的想象力。中班年龄阶段的儿童可以通过绘画表征来记录一次游戏活动的天气、游戏活动的同伴、游戏活动用的材料或器械。儿童观察能力相比较于小班更加仔细，对颜色更加敏感。大班年龄阶段的儿童已经具备前书写的能力，已经能绘画表征当天的日期、会写上自己的姓名，能用简单的符号表征活动的内容，对自己的绘画表征有了构图，通过绘画表征能发现大班儿童的逻辑思维较强，能完整地讲述自己的绘画表征，而且能通过回顾自己的表征设计下次活动。

任务 5　支持特殊儿童绘画行为

任务目标

1. 能支持特殊儿童感受自然美、生活美与艺术美。

2. 能支持特殊儿童表现美。

3. 能支持特殊儿童创造美。

任务描述

活动 1　支持特殊儿童感受美。

活动 2　支持特殊儿童表现美。

活动 3　支持特殊儿童创造美。

任务准备

【知识储备】

扫码学习提供适宜支持的基础知识。

| 微课 | 喜欢涂涂画画——提供适宜支持 | PPT | 喜欢涂涂画画——提供适宜支持 |

任务实施

活动 1　支持特殊儿童感受美

【步骤 1】支持特殊儿童感受自然与生活中的美

围绕一个与自然或生活美有关的主题，设计活动支持儿童多感官感受美，将设计方案写在下列横线处。

主题： _____

活动设计： _____

要点示范

主题：雨

活动设计：

下雨天，儿童踩雨，通过观看涟漪，感受生活中线的存在，通过溅起来的小水珠，感受点的存在（视觉）。接雨（触觉）、尝雨（味觉）和听雨（听觉），调动不同的感官感受雨的美。

【步骤 2】支持特殊儿童感受艺术活动中的美

选择一种民间艺术，比如泥人、版画、扎染、剪纸等，搜集身边的相关资源，策划活动，为儿童提供感受民间艺术美的机会，简单介绍活动方案。

民间艺术： _____

感受民间艺术活动

艺术欣赏主题活动：

_____

_____

艺术工作坊亲身体验：

_____

_____

参观博物馆：

_____

_____

非遗传承人进校园：

_____

_____

数字虚拟体验活动：

_____

_____

活动 2　支持特殊儿童表现美

选择一个主题，通过引导儿童观察，支持儿童自由表现美，请将观察策略写在下列横线处。

主题：_____

观察策略：

_____

_____

要点示范

观察策略：画人物，顺序观察，从上到下、从头到脚地观察人的各个部分。

观察策略：画小鸡，比较小鸡和小鸭的相同点和不同点，把握主要特征。

反复观察法：对于动作的观察，比如跑步，反复观察跑步过程中人体的手臂、前后腿的位置，把握跑步的动态。

分解观察：从整体到部分，从部分到整体地观察，比如画菊花，先观察整体形象，再观察花瓣、叶子、花茎等，最后对菊花有一个完整的印象。

活动 3　支持特殊儿童创造美

为了支持儿童创造美，你会在环境中投放哪些材料？请将投放的材料和投放意图填入表 5-13 中。

表 5-13

投放材料	投放意图

要点示范

投放材料	投放意图
各种各样的笔	同一种工具材料的创造性使用
各种材质的纸、包装箱、石头等废旧材料	不同种工具材料的组合运用
手指画颜料、卡纸、彩泥、皱纹纸、炫彩棒等	同一绘画主题不同绘画材料的运用,比如画苹果树

【职业伦理】

《特殊教育教师专业标准(试行)》在"专业理念和师德维度"中指出要"对学生始终抱有积极的期望,坚信每一位学生都能成功,积极创造条件,促进学生健康快乐成长"。

※ 任务提示

在设计支持策略时,要相信每名学生都有发展的潜力,最大限度地开发儿童的潜能,补偿缺陷。

任务评价

任务完成后,依据表 5-14 对学习过程进行评价。

表5-14　"支持特殊儿童绘画行为"任务评价表

指标	内容	分值	自我评价	组内互评	教师评价
任务准备	观看微课	10			
	完成自学反馈	5			
任务实施	合理设计活动支持儿童感受自然与生活中的美	10			
	合理设计活动支持儿童感受艺术活动中的美	15			
	使用有效观察策略支持儿童表现美	20			
	创造性地投放材料支持儿童创造美	20			
协作学习	积极参与	5			
	按时完成	5			
	协商合作	5			
	反思改进	5			
合计		100			
综合评价	自我评价（30%）	组内评价（40%）	教师评价（30%）	总分	

技能加油站

20世纪中期，精神分析学家南伯格（Margaret Naumburg）创立了艺术治疗（Art Therapy）。这种治疗方法旨在通过绘画、雕塑、拼贴创作等美术手段帮助人们释放难以言表的情绪、控制行为、解决问题，进而获得身心整合。艺术治疗需要在专业人员的指导下，特殊儿童在艺术创作的过程中充分释放无意识的成分。在艺术治疗中，作品作为沟通与交流的桥梁，实现创作者、作品和治疗师之间的互动，治疗师能深入了解特殊儿童内心最真实的想法，进而进行针对性的治疗。一般来说，艺术治疗主要包含诊断、改变和结束三个阶段，帮助特殊儿童了解自我、调整情绪、提升解决问题的策略。研究证明，艺术治疗对于有严重情绪和行为问题的儿童非常有效。

项目六　观安全促自护之力——有效倾听

项目情境

"无所畏惧"的小育

特殊儿童档案

姓名：小育　性别：男　年龄：4岁

障碍类型：多动及注意力缺陷

性格特点：有礼貌；过度活跃、爱冒险。

动画　"无所畏惧"的小育

小育是一个停不下来的孩子，经常做出一些危险的行为。趁老师不注意，小育又站在了秋千上，或者是在滑梯顶端推小朋友，甚至从滑梯顶端直接往下跳。

融合教师有话说

对于融合幼儿园中的特殊儿童来说，由于其身体、心理、生理等方面存在不同程度的缺陷，认知能力差异大，给园所的安全稳定工作带来了新的挑战，安全管理难度增大。《幼儿园教育指导纲要（试行）》和《幼儿园工作规程》明确指出，幼儿园应始终把保护儿童生命安全放在教育工作的首位。

学习目标

素质目标

1. 树立谨言慎行、尊重儿童隐私权的教师职业伦理。

2. 建立"千般照顾，不如自护"的儿童安全教育意识。

能力目标

1. 能依据实际需求制订针对家长及儿童的访谈计划。

2. 能依据访谈步骤实施家长及儿童访谈。

3. 能对访谈原始资料进行人口学及相关核心因素分析。

4. 能组织家园共育活动支持儿童安全行为。

5. 能为儿童创建安全环境。

6. 能用有趣的方式教导儿童安全行为。

知识目标

1. 了解安全知识和自我保护能力的定义和内容。

2. 掌握 3～6 岁儿童自我保护能力发展的典型行为表现。

3. 熟悉儿童自我保护能力发展的观察情境。

4. 了解访谈法的含义、特征、类型和优缺点。

学习地图

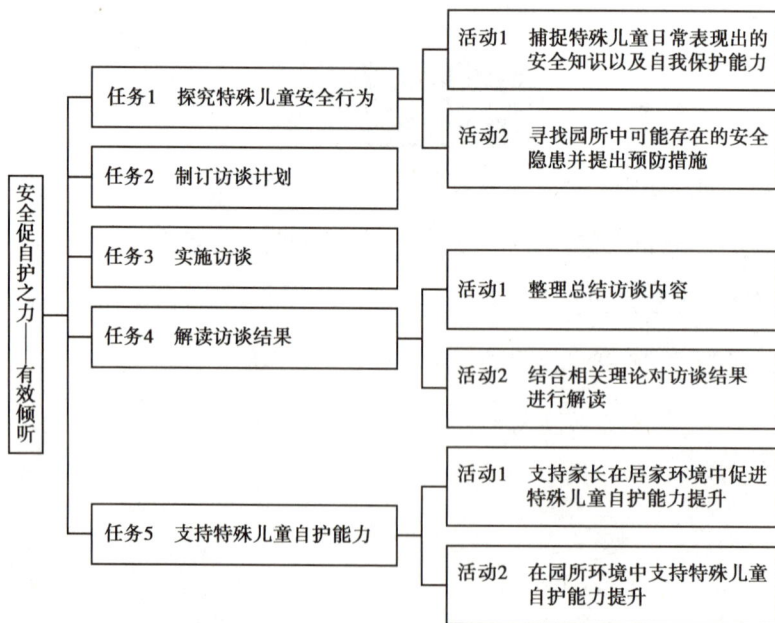

🗒️ 感悟内涵

【铸师魂】谨言慎行

国学语录

人有私，切莫说。——《弟子规》

意思是说，对别人的隐私，切忌口无遮拦，四处张扬。

隐私权是公民正当的人身权利，如果不保护人们的隐私，就很难保证人们的道德和尊严。儿童作为特殊的个体，当然也应该享有隐私权。谨言慎行，为师之道。

【省思感悟】

阅读以下访谈知情同意书文本，思考下列问题。

访谈知情同意书

我，×××（被访者姓名），同意参加本次访谈。在此，我确认已经阅读并理解了以下内容：

1. 本次访谈是由 ×××（访谈者姓名）进行的，旨在了解我的个人经历、观点或意见等。

2. 我可以自愿选择是否参加本次访谈，并有权在任何时候终止访谈。

3. 我知晓本次访谈可能涉及个人隐私、敏感信息等内容，但我仍愿意参加。

4. 我同意访谈者可以录音或录像本次访谈，并可以将其用于学术、媒体或其他合法用途。

5. 我同意本次访谈的内容可能会被访谈者以及其团队成员和合作伙伴使用和分享，但不会公开我的个人身份信息。

6. 我同意本次访谈不会对我的生命、健康或其他利益造成威胁或损害。

7. 我知晓本次访谈并不代表任何形式的诊断、咨询、建议或治疗，如有需要，我将寻求专业医疗或康复服务。

8. 我确认已充分了解本次访谈的内容和意义，同意参加本次访谈。

1. 实施访谈前，访谈者与被访者之间签订知情同意书的意义何在？

2. 知情同意书从内容上应包括哪些部分？

3. 如果受访者是还没有达到知情同意书的法定年龄（大多数法律规定为年满 18 周岁）的儿童，如何达成知情同意？

【润童心】言行安详

国学礼仪

一切言动，都要安详；十差九错，只为慌张。——《小儿语》

意思是教导小朋友一切言语行动都要稳重，从容不迫，因为我们平时出现差错，常常都是由于慌张造成的。这些都时刻提醒着我们，一切言行举止都要沉着从容，才能遇事考虑周详，不出纰漏。

项目建组

请 4 ~ 6 人自由组队，分工协作完成本项目的学习、记录和评价。具体要求如下：

1. 每组内需要有一名组长，组员每人均承担一定任务。

2. 确定组名。

3. 记录建组过程中遇到的困难和解决的措施。

4. 填写下列分组情况表格。

表 6-1　项目六建组情况

组名		组长姓名		组长学号	
组员姓名	组员学号	承担任务			准备

续表

组员姓名	组员学号	承担任务			准备
遇到的困难					
解决措施					

任务1 探究特殊儿童安全行为

🗒️任务目标

1. 理解安全知识和自我保护能力对特殊儿童融合的重要意义。

2. 熟悉《指南》中儿童安全知识和自我保护能力的表现。

3. 了解儿童安全知识和自我保护能力的观察情境及观察要点。

4. 能捕捉到儿童日常表现出的安全意识和自我保护能力。

5. 建立安全第一、预防为主的职业精神。

🗒️任务描述

活动1 捕捉特殊儿童日常表现出的安全知识以及自我保护能力。

活动2 寻找园所中可能存在的安全隐患并提出预防措施。

🗒️任务准备

【知识储备】

1. 阅读《指南》中【健康领域】—【生活习惯与生活能力】—【目标3：具备基本的安全知识和自我保护能力】的相关内容。

目标 具备基本的安全知识和自我保护能力

3～4岁	4～5岁	5～6岁
1. 不吃陌生人给的东西，不跟陌生人走 2. 在提醒下能注意安全，不做危险的事 3. 在公共场所走失时，能向警察或有关人员说出自己和家长的名字、电话号码等简单信息	1. 知道在公共场合不远离成人的视线单独活动 2. 认识常见的安全标志，能遵守安全规则 3. 运动时能主动躲避危险 4. 知道简单的求助方式	1. 未经大人允许不给陌生人开门 2. 能自觉遵守基本的安全规则和交通规则 3. 运动时能注意安全，不给他人造成危险 4. 知道一些基本的防灾知识

2. 学习儿童安全知识和自我保护能力的基础知识。

微课	▦	安全知识和自我保护能力	PPT	▦	安全知识和自我保护能力

☑ **任务实施**

活动 1　捕捉特殊儿童日常表现出的安全知识以及自我保护能力

【步骤 1】确定观察对象

在你所实习或任教的班级内选择一名欠缺安全意识和自我保护能力的儿童。将儿童基本信息填写在表 1–2 中。

【步骤 2】识别儿童的安全知识以及自我保护行为

对照《指南》中【健康领域】—【生活习惯与生活能力】—【目标 3：具备基本的安全知识和自我保护能力】的具体描述，观察选定儿童的日常活动，讨论儿童表现出了哪些安全知识以及自我保护行为？是否与《指南》描述相符。将安全知识以及自我保护行为相关信息填写在表 6–2 中。

表 6–2　"识别安全知识与自我保护行为"任务单

儿童基本信息			
化名或编号		年龄	岁　月
性别	□男　□女	就读班级	□小班　□中班　□大班
是否特殊儿童	□是　□否 若回答是，请填写下列内容 障碍类型：□智力障碍　□多动及注意力缺陷 　　　　　□孤独症谱系障碍　□学习障碍		
安全知识以及自我保护行为表现			
《指南》相关描述	具体表现	是否与《指南》相符	备注
		□是　□否	
		□是　□否	
		□是　□否	

续表

《指南》相关描述	具体表现	是否与《指南》相符	备注
		□是　□否	
		□是　□否	
		□是　□否	
		□是　□否	
		□是　□否	

【职业伦理】

《特殊教育教师专业标准（试行）》在"专业理念和师德维度"中指出要"关爱学生，将保护学生生命安全放在首位，……"

> ※ 任务提示
>
> 在捕捉儿童安全知识和自护能力行为时确保所有儿童的安全是第一位的。

活动 2　寻找园所中可能存在的安全隐患并提出预防措施

针对上述儿童安全知识以及自我保护行为，结合幼儿园实际情况，寻找园所中可能存在的安全隐患并提出预防措施。

【步骤 1】寻找园所中可能存在的安全隐患

请回顾【知识储备】中的"儿童安全知识和自我保护能力的基础知识"，在你所实习或任教园所寻找园所中可能存在的安全隐患，并填入表 6–3 中。

【步骤 2】提出预防措施

请针对步骤 1 寻找到的安全隐患，结合《指南》中的相关描述及教育建议，提出预防措施，并填入表 6–3 中。

表 6-3 "幼儿园安全隐患及预防措施"任务单

安全隐患	预防措施

【职业伦理】

《特殊教育专业师范生教师职业能力标准（试行）》在"教学实践能力"中指出"熟悉校园安全、应急管理相关规定……"

※ 任务提示

表 6-3 中寻找园所安全隐患、提出预防措施时要结合校园安全及应急管理相关规定。

任务评价

任务完成后，依据表 6-4 对学习过程进行评价。

表 6-4 探究"特殊儿童安全知识和自我保护能力"任务评价表

指标	内容	分值	自我评价	组内互评	教师评价
任务准备	阅读《指南》相关内容	5			
	学习基础知识	10			
	完成自学反馈	5			

续表

指标	内容			分值	自我评价	组内互评	教师评价
任务实施	活动1		保护儿童隐私	5			
			儿童安全知识与自我保护行为表现描述准确	15			
	活动2		园所安全隐患全面、准确	20			
			预防措施得当、符合相关规定	20			
协作学习			积极参与	5			
			按时完成	5			
			协商合作	5			
			反思改进	5			
合计				100			
综合评价	自我评价（30%）		组内评价（40%）	教师评价（30%）		总分	

技能加油站

俗语说养儿一百岁，长忧九十九"。一个好的安全习惯会让儿童终身受益。中南大学安全理论创新与促进研究中心副主任王秉认为：儿童安全教育，最重要的是倡导和践行"四不伤害"。

第一，不伤害自己。提高儿童的自我安全保护意识，不能由于自身疏忽、侥幸、失误而使自己受到伤害。

第二，不伤害他人。要教育儿童，他人生命与你的生命一样宝贵，不应该被忽视和伤害，

第三，不被别人伤害。要教育儿童，生活中蕴含多种危险，每个儿童都要加强自我安全防范意识，避免别人对自己造成伤害。

第四，保护他人不受伤害。要教育儿童，安全不仅仅是一个人的事，还是集体的事。

任务 2　制订访谈计划

任务目标

1. 理解访谈的含义与类型，以及儿童访谈的意义。

2. 在了解儿童特殊性的基础上，理解对儿童进行访谈的特殊之处。

3. 能制订访谈提纲及计划。

4. 增强以儿童为本的专业意识和实践能力。

任务描述

针对任务 1 中儿童，围绕其安全知识和自我保护能力，编制观察记录单并制订访谈记录观察计划。

任务准备

【知识储备】

1. 扫码学习访谈法基础知识。

| 微课 | 访谈法 | PPT | 访谈法 |

2. 扫码学习制订观察计划基础知识。

| 微课 | 访谈法——制订观察计划 | PPT | 访谈法——制订观察计划 |

📋 任务实施

【步骤1】确定访谈目的

聚焦任务1中了解到的儿童安全行为概况，确定访谈目的，将儿童基本信息及观察目的填写在表6-9中。

👥 要点示范

观察目的1：了解家长对于常见安全事故的种类和发生频率的看法、对儿童安全教育的重视程度和日常传授方式。

观察目的2：了解儿童对于安全情境与危险情境的判断。

【步骤2】明确访谈对象

依据步骤1确定的访谈目的，结合访谈对象的具体情况，选择合适的访谈对象，填入表6-9中。

👥 要点示范

表6-5　访谈对象纳入标准

访谈对象	纳入标准
家长	经常陪伴儿童
	熟悉儿童的相关情况
	有一定的沟通表达能力及理解力
儿童	有一定的语言表达能力及理解力

【步骤3】确定访谈形式

依据访谈目的、访谈对象以及你的访谈经验，选择合适的访谈形式，填入表6-9中。

要点示范

表 6-6　访谈形式、适用情况及访谈者匹配

访谈形式	适用情况	适合的访谈者类型
结构化访谈	粗略了解相关信息	具有初步的访谈技能
半结构化访谈	了解更多信息	具有基本访谈技能
非结构化访谈	了解详细信息	对访谈主题非常了解
		具有一定访谈经验

【步骤 4】编制访谈记录单

依据访谈目的、访谈对象、访谈形式等因素，参考"要点示范"部分的记录单模板，自主编制合适的访谈记录单，绘制在下列区域。

要点示范

1. 访谈家长记录单示例。

表 6-7　儿童背景信息访谈记录单

学生姓名		性别	□男　□女	出生日期	年　月　日
出生方式		□自然产　□剖腹产　□早产　□难产　□周数：____			
体能状况					
血型	型	色盲	□是　□否	身高	厘米
体重	kg				
医疗史					
过敏史	□无　□有（□药物过敏　□食物过敏　□其他　　　　）				
住院史	□无　□有（住院原因：　　　　　　　　　　　　　　　　　　　　）				
个人病史					
家庭状况					
与父母同住	□是　□否	家庭成员			
与家人相处情形	□非常好　□很好　□普通　□不常有互动　□几乎没有互动　□其他				
	与孩子相处最融洽者： 原因：				
	最不常与孩子互动者： 原因：				
	最容易与孩子产生冲突者： 原因：				
	最常往来互动的其他亲友： 原因：				
其他家庭情况					
家庭支持系统					
问题行为					

2.儿童访谈记录单示例。

表 6-8　访谈"儿童定义说谎"记录单

儿童		访谈日期	年　月　日
访谈者		访谈时间	至
访谈目的	详细了解儿童是怎么定义说谎的		
访谈内容		访谈记录	备注
1.你觉得什么是谎话呢?			
2.谁说过谎,他/她是怎么说谎的?			
3.如果说某人是笨蛋,那是说谎吗?			
4.如果他真的很笨,那是说谎吗? 为什么?			
5.1+1=3 是说谎吗? 为什么?			
6.你猜猜老师多大了?			
7.可是老师实际年龄比这个大(或者小),那你刚刚说谎了吗? 为什么?			
8.我来给你讲个故事。有一个小孩,他不知道光明街在哪儿,一位先生问这个小孩这条街在哪儿,这孩子说:"我认为它在那儿,不过我也不是很清楚。"而这条街并不在他所说的地方。那么他是弄错了还是说谎了? 为什么?			

【步骤 5】预约访谈

与被访谈者事先约定访谈的时间、地点及其他相关信息,填入表 6-9 中。

【步骤 6】准备观察工具

在表 6-9 中填写要准备的观察工具。

表 6-9　访谈计划表

访谈者		访谈日期	年　月　日
儿童姓名		年龄	
访谈目的			
访谈地点	□教室　□校门口　□孩子家里　□操场　□线上　□其他_____		
访谈对象	□儿童本人　□爸爸　□妈妈　□爷爷　□奶奶　□姥姥　□姥爷　□其他_____		
访谈形式	□结构化　□非结构化　□半结构化		

续表

访谈时间	□早上入园　□中午午休　□下午放学　□其他
访谈工具	□访谈记录单　□录音设备　□录像设备　□笔
访谈结果	□文字　□图表
其他事项	

【职业伦理】

《特殊教育教师专业标准（试行）》在"综合育人能力"中指出："掌握人际沟通的基本方法，能够运用信息技术拓宽师生、家校沟通交流的渠道和途径，积极主动与学生、家长、社区等进行有效交流。"

※ 任务提示

在编制访谈记录单时，能够从人际沟通的角度确定有利于儿童及家长有效交流的访谈问题、访谈形式及访谈环境。

任务评价

任务完成后，依据表6-10对学习过程进行评价。

表6-10　"制订访谈计划"任务评价表

指标	内容	分值	自我评价	组内互评	教师评价
任务准备	观看微课	10			
	完成自学反馈	5			
任务实施	访谈目的符合实际需求	10			
	访谈对象与主题相关	5			
	访谈形式恰当	5			
	访谈问题符合访谈目的	20			
	访谈记录单设计合理	15			
	访谈预约时信息完整	5			

续表

指标	内容	分值	自我评价	组内互评	教师评价
协作学习	积极参与	5			
	按时完成	5			
	协商合作	5			
	反思改进	5			
合计		100			
综合评价	自我评价（30%）	组内评价（40%）	教师评价（30%）	总分	

技能加油站

著名的儿童心理学家皮亚杰将访谈、观察及实验相结合，首创了临床访谈法。临床访谈法最初称为临床法。该方法将自然观察、谈话和实物操作实验相结合，目的是要求研究者通过谈话和观察能抓住隐藏在儿童言行表面现象之后的本质东西。

皮亚杰在其第一本书《儿童的语言与思维》中奠定了这种方法的基本精神，随着皮亚杰的研究与实践该方法得到不断的完善和发展。最初只是单纯地和儿童谈话；随后以观察和谈话为主，以摆弄实物为辅；最后以摆弄实物为主，结合观察和谈话。

在皮亚杰的临床法中研究者与儿童的谈话贯穿始终，有人也称这种方法为"基于语言的测验"。皮亚杰充分认识到谈话法的局限性，因此他指出要避免"儿童说别人要他说的话，而不是自己的真心话"。所以不能过分依赖谈话，要结合观察法记录儿童一段时间内自发的语言和儿童之间的谈话。

任务 3　实施访谈

📋任务目标

1. 掌握实施访谈的工作流程。

2. 能创设轻松融洽的访谈氛围。

3. 能适用提问、提示、追问、回馈的访谈技巧实施访谈。

4. 能礼貌地结束访谈。

5. 能在访谈过程中保持尊重和中立的态度。

📋任务描述

针对任务 1 中选定的缺乏安全意识与行为的儿童，按照任务 2 中的访谈计划并使用编制好的访谈记录单开展访谈记录。

📋任务准备

【知识储备】

1. 扫码学习访谈家长的基础知识，并完成下面的自学反馈。

微课	[QR] 访谈家长——实施观察记录法	PPT	[QR] 访谈家长——实施观察记录法

2. 扫码学习访谈儿童的基础知识，并完成下面的自学反馈。

微课	[QR] 访谈儿童——实施观察记录法	PPT	[QR] 访谈儿童——实施观察记录法

📋任务实施

【步骤 1】建立融洽的访谈气氛

1. 在迎接儿童或家长进入访谈现场时，是否做到如下事项：

保持微笑　□是　□否

礼貌问好　□是　□否

引领入座　□是　□否

感谢参与　□是　□否

2. 预设你的开场白，请写在下面横线处。

_____

_____

👥要点示范

访谈家长开场白：

贝贝妈妈，您好，请坐。非常感谢您能和我聊一聊孩子的情况。

访谈儿童开场白：

贝贝，到老师这儿来，咱们一起聊聊天吧。

【步骤 2】介绍访谈基本信息

向受访者简单介绍访谈主题、目的、预估时间及自愿原则。请将预设的相关话语写在下列横线处。

_____

_____

👥要点示范

表 6-11　访谈家长实录

访谈话语示例	涉及内容
贝贝妈妈，今天我想和您聊一下咱平时对孩子的安全教育情况。	介绍访谈主题

续表

访谈话语示例	涉及内容
最近孩子经常做出一些危险的行为,想从您这里了解一些情况,这样咱们可以共同帮助孩子建立安全意识和安全行为。	介绍访谈目的
今天,咱们大约需要半个小时的时间。	预估访谈时间
当然在这个过程中,有些内容你不方便说,咱就跳过去,没有关系的。或者,您有任何的疑问,都可以随时打断我。	自愿原则

【步骤 3】围绕访谈提纲展开访谈

按照提出问题、适当提示、追问、回馈的流程实施访谈,请以一个问题为例,预设访谈过程,填入表 6-12 内。

表 6-12　访谈预设文字稿

人物	预设访谈内容	环节
		□提出问题 □适当提示 □追问 □回馈
		□提出问题 □适当提示 □追问 □回馈
		□提出问题 □适当提示 □追问 □回馈
		□提出问题 □适当提示 □追问 □回馈

要点示范

表 6-13 访谈家长示例

人物	访谈内容	环节
老师	您认为的生命教育是什么?	提出问题
家长	我觉得应该是关于身体健康、生命安全之类的教育	
老师	关于孩子情绪的、生涯发展的教育,您觉得有必要进行吗?	适当提示
家长	我希望孩子有一个比较积极健康的生活态度	
教师	你说得对,这一点也是生命教育的一个重要方面	回馈
家长	在孩子还小的时候,我们给他进行死亡教育、灾难教育,会不会产生负面的心理阴影?	提出问题
教师	害怕死亡,对死亡充满恐惧是人之常情。其实恐惧很多是源于认知不足。重点不在于死亡,而在于如何保护生命,降低死亡风险	回馈
家长	这方面的教育,可能老师来做更适合一些,我们不专业	
教师	您觉得生命教育在内容和方式上和生活自理教育不一样,是吧?	追问
家长	感觉不如教导生活自理那般熟悉和好操作……	

改编自:范月. 大班幼儿自我保护能力培养的实践研究 [D]. 都匀:黔南民族师范学院, 2019.

表 6-14 访谈儿童示例

人物	访谈内容	环节
王老师	小明,你觉得咱班角色扮演区有哪些可能导致的危险会伤害到小朋友啊?	提出问题
儿童	我觉得没啥危险啊	
王老师	你告诉老师,角色区都放了些啥啊?	适当提示
儿童	都是一些娃娃、玩偶、表演服什么的。	
王老师	你说了这么多东西。	回馈
	那你看看这个图片,图片中的小朋友在做什么危险的事情?	提出问题
儿童	娃娃的眼睛被小朋友拽下来塞进鼻子、耳朵里。这样太危险了。	回馈
王老师	是的,这非常危险。	
	其实啊,咱们的建构区、自然角、美工区以及益智区,都存在一些你们看不到的安全隐患,你想想有哪些?	追问
儿童	我想到了,美工区的剪刀,使用时要与眼睛保持距离;插装玩具的边角尖尖的会扎到小朋友的手……	

改编自:朱静. 幼儿自我保护能力及其培养现状的调查研究 [D]. 黄石:湖北师范学院, 2015.

【步骤 4】适时结束访谈

在结束访谈时，要对访谈对象表示感谢，并给对方留出提问的机会。请结合你的访谈内容，预设结束部分的访谈话语，填在下列横线处。

_____

_____

要点示范

表 6-15　访谈结束示例

预设话语	访谈环节
以上就是今天我想和您了解的全部内容，非常感谢您和我聊了这么多。	表示感谢
您还有什么想和我聊的吗？	给对方提问的机会

【职业伦理】

《特殊教育教师专业标准（试行）》在"专业能力"中指出"运用恰当的沟通策略和辅助技术进行有效沟通，促进学生参与、互动与合作"，"与家长进行有效沟通合作……"

※ 任务提示

在实施家长和儿童访谈的过程中，要运用一定的访谈技巧促进有效沟通。

任务评价

任务完成后，依据表 6-16 对学习过程进行评价。

表 6-16　"实施访谈"任务评价表

指标	内容	分值	自我评价	组内互评	教师评价
任务准备	观看微课	10			
	完成自学反馈	5			

指标	内容	分值	自我评价	组内互评	教师评价
任务实施	访谈气氛融洽	5			
	介绍访谈主题、目的、预估时间及自愿原则	10			
	提出问题清晰明确	10			
	在受访者遇到困难或回答简短时给予提示	15			
	保持中立,不过多赞同或反对受访者	10			
	为受访者留出思考和表达的时间	5			
	控制访谈,不偏离访谈主题	10			
协作学习	积极参与	5			
	按时完成	5			
	协商合作	5			
	反思改进	5			
合计		100			
综合评价	自我评价(30%)	组内评价(40%)	教师评价(30%)	总分	

技能加油站

斯坦纳·科瓦罗在其1996年出版的《访谈》一书中提到,优秀访谈者的特点:

1. 知识:访谈者需要有一定的知识,熟悉访谈的话题。

2. 结构:访谈者要掌握访谈过程的结构,包括访谈进入、访谈主体和访谈结束。

3. 清晰:访谈者应该清晰地提问简单的问题,不要使用专业术语。

4. 礼貌:访谈者的态度要温和,不要随意打断被访谈者,要给对方足够的时间以便思考,容忍对方停顿。

5. 敏感:访谈者要对听到的内容很敏感,要有同理心。

6. 开放:保持开放的心态,允许被访谈者灵活地回答访谈问题。

7. 引导:在必要的时候通过提示引导被访谈者的回答更加聚焦。

8. 批判性:访谈者不要过多地反对或者赞同被访谈者的回答。

任务 4 解读访谈结果

任务目标

1. 能够使用合适的信息技术将访谈录音转换为文字。

2. 能够对访谈内容进行恰当编码。

3. 能够结合相关理论对访谈结果进行解读。

任务描述

活动 1 整理总结访谈内容。

活动 2 结合相关理论对访谈结果进行解读。

任务准备

【知识储备】

1. 扫码学习总结访谈结果的基础知识。

| 微课 | 访谈法——总结观察结果 | PPT | 访谈法——总结观察结果 |

2. 扫码学习解读访谈结果的基础知识。

| 微课 | 访谈法——解读观察结果 | PPT | 访谈法——解读观察结果 |

任务实施

活动 1　整理总结访谈内容

【步骤 1】将访谈录音转换为文字

使用合适的信息技术手段将访谈录音转换为文字，并推荐一种方法进行介绍。

音频转文字工具介绍

工具名称：

工具功能：

_____

_____

【步骤 2】对访谈内容进行编码

依据访谈目的，提取访谈记录中的核心概念，开放编码、主轴编码、选择编码进行资料分析，将结果填入表 6-17 中。

表 6-17　访谈内容编码

选择编码	主轴编码	开放编码

要点示范

三级编码理论

1. 开放编码（一级编码）

开放编码是通过对现象的仔细研究，以便进行命名和分类的分析工作，亦即分析、检视数据并对其进行概念化的归纳、比较的过程。它的目的是从资料中发现概念类属，对类属加以命名确定类属的属性和维度，然后对研究的现象加以命名及类属化。

2. 主轴性编码（二级编码）

主轴性编码是借由演绎与归纳，通过不断比较的方法将近似编码连接在一起的复杂过程。其主要任务是选择和构建主要类属的内容，并将主要概念类属与次要概念类属连接起来，以重新组织数据。那么这样的操作会使得两级编码之间形成一个关系网。

3. 选择性编码（三级编码，也叫核心性编码）

数据分析的最后阶段称之为选择性编码，这一阶段的主要工作是通过整合与凝练，在所有命名的概念类属中，提炼一个。核心类属是浓缩所有分析结果后得到的关键词，这几个关键词足以说明整个研究的内涵，即使条件改变导致"核心类属"所呈现出的现象有所不同，但仍具备解释效力。在选择性编码之后，可以发展出一条"故事线"，指的是，用前两级编码发展出的类属、关系等提炼一个可扼要说明全部现象的核心，并且可以用资料去验证。

表 6-18　访谈内容编码示例

选择性编码	主轴性编码	事件归类（开放性编码）
家长对安全教育的观念分析	现象1：家长实施家庭安全教育具有滞后性	平时很难做到事先对孩子进行安全教育（A1家长） 在发现孩子出现安全问题后对其进行安全教育（A2家长） 在看到孩子出现安全问题了，比较在意了，就关注这方面，会去想补救措施，或教小孩子怎么解决。 其他方面没怎么出现过问题，我们也就没怎么注意。（A3家长）……（An家长）
	现象2：注重事先学习以及预防……	平时常和一些家长交流这方面的问题，对别人家孩子出现的或媒体报道的安全事故我们高度警觉（B1家长） 我们常嘱咐老人在家看孩子应该注意哪些危险因素（B2家长） ……（Bn家长）
家庭安全教育实施方法	形式1：单向灌输	向孩子解释某些行为不能做的原因（M1，M2，M3等家长）
	形式2：双向互动	向孩子提问，引发孩子思考。 了解孩子的想法后再进行适当的引导教育
	形式3：口头说教	口头传授 结合图片 视频为主
	形式4：实战演练	模拟演练 做游戏 动手操作

活动2　结合相关理论对访谈结果进行解读

（1）按照访谈提纲的维度，对访谈信息进行分类整理，从中寻找共性或差异；

例如，课程体系的设置方面，家长对哪些课程的满意度比较高。对于课程满意度，根据家长反馈的信息，又可以提炼出丰富性、科学性、强度、性价比等几个主题。

（2）以访谈数据为基础进行因果关系、相关关系的展示，分析隐藏在数据背后的东西，提炼观点（原因分析、解决对策）。

如果访谈是多人访谈，还能对访谈群体的态度、偏好、看法进行数据统计分析，以揭示主题与主题之间的关系。在此基础上，提炼出大样本访谈的信息背后所隐藏的研究发现。

要点示范

以下是某老师对大班儿童关于危险概念的访谈结果分析。

该教师将大班儿童对"危险"概念的阐释主要分为六类：原词造句、具体措施、措施描述、结果描述、重要属性、正确定义。以"具体举例"的形式对"危险"概念进行阐释，表现为会举某种发生伤害事故的情况，以及危险的行为状态或者是危险的情境、场所，例如："火灾会弄死我们，火灾有火会烧了我们""地震就会砸到他，砸到他就会受伤的""危险就是不要爬窗户，等一下掉下去就流血了""跑快了是危险，玩打火机是危险，挤挤打打闹闹的就是危险"等；用"措施描述"的方式来进行概念阐释，例如："就是不要推人，不要跑得太快了；玩滑梯的时候不能推人；如果是高高的椅子你也不能用力往下靠""不能玩刀、不能走快、不能推人、不能跳窗户、不能走床底下压着被憋死"等。以"结果描述"的形式对危险进行描述，例如，"我打到头了，这里就会长个包包"。重要属性的描述，例如，"伤害其他小朋友，还有伤害自己，伤害到别人"。

根据大班儿童对"危险是什么？什么是危险？"的回答来进行整理及归类统计，发现大部分（87.95%）大班儿童对"危险"的概念表现为不完全理解，即有所理解，而没有儿童能够正确定义，较少部分（4.82%）儿童表现为不能理解"安全"概念，以

大班儿童对"危险"概念定义的情况

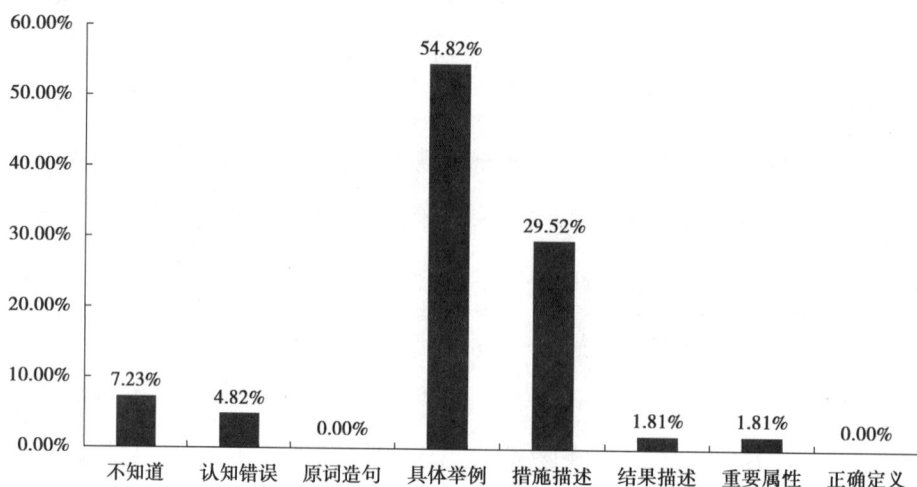

及 7.23% 的大班儿童表示不知道。大班儿童对"危险"概念的阐释主要分为六类，其中大班儿童对"危险"概念有所理解包括四种形式：具体举例、措施描述、结果描述、重要属性。其中大班儿童主要是以"具体举例"的形式对"危险"概念进行阐释；其次是用"措施描述"的方式（29.52%）来进行阐释概念；相比"安全"概念的阐释，大班儿童在"危险"概念多了"结果描述"形式，少了原词造句的形式，而在"危险"概念的阐释中，结果描述和重要属性的比例都为 1.81%。

基于访谈资料的结论分析：

可考虑的维度：

（1）儿童的思维水平，如对"危险"概念的定义主要以具体举例的形式，儿童对概念表现出来的特征未有所理解，处于向正确定义过渡的阶段。下一步的发展则是迈向概念思维，需要成人提供足够的学习机会并加以指导，促进儿童概念的发展。

（2）儿童的生活经历，当儿童在园的时候，教师不断地在活动中强调安全，也通过集体教学活动对儿童进行安全教育，所以儿童在教师的说教和幼儿园的经历中受到潜移默化的影响，加之在家庭中也受到了一定的安全教育，内化形成了自己的安全认知。

（3）儿童的语言水平，儿童的语言理解能力稍微欠缺是对情境的原因解释和应对措施的认知稍弱的一个原因，教师和家长应注重提高儿童的语言理解能力。

【职业伦理】

《特殊教育专业师范生教师职业能力标准（试行）》在"自主发展能力"维度中指出：

"初步掌握教育教学科研的基本方法，能用以分析、研究特殊教育教学实践问题……"

※ 任务提示

在解读访谈结果的过程中，需要掌握有效的质性分析技术以便快捷准确地分析访谈资料。

任务评价

任务完成后，依据表 6-19 对学习过程进行评价。

表 6-19 "解读访谈结果"任务评价表

指标	内容	分值	自我评价	组内互评	教师评价
任务准备	观看微课	10			
	完成自学反馈	5			
任务实施	录音转文字准确	20			
	访谈内容编码符合访谈目的	20			
	对访谈结果解读合理	25			
协作学习	积极参与	5			
	按时完成	5			
	协商合作	5			
	反思改进	5			
合计		100			
综合评价	自我评价（30%）	组内评价（40%）	教师评价（30%）	总分	

技能加油站

在分析访谈资料时，使用文档或表格的方式记录每次编码的结果，效率比较低。

使用 NVIVO 软件可以帮助我们快捷地分析访谈资料。NVIVO 软件是一款专业的质性数据分析软件。它可以处理和分析多种不同格式的非结构化数据，包括文本文件（如Word、PDF）、音频、视频、图片等，如表 6-20 所示。通过查询功能，它可以将多个文件的编码信息汇总在一起，利用内置的可视化工具探索数据和概念之间的关系。最后，将分析结果进行整合，建立关系模型，形成研究报告。

表 6-20　NVIVO 软件支持的文件格式

文档类型	文档格式
文本	.txt, .rtf, .pdfx, .docx 等
图片	.bmp, .gif, .jpg, .jpeg, .tif 等
音频	.mp3, .wma, .wav 等
视频	.mpg, .mpeg, .mpe, .wmv, .avi, .mov, .qt, .mp4 等

任务 5　支持特殊儿童自护能力

📋 任务目标

1. 能支持家长在居家环境中促进特殊儿童自护能力提升。

2. 能在园所环境中支持特殊儿童自护能力提升。

📋 任务描述

活动1　支持家长在居家环境中促进特殊儿童自护能力提升。

活动2　在园所环境中支持特殊儿童自护能力提升。

📋 任务准备

【知识储备】

扫码学习提供适宜支持的基础知识。

微课	访谈法——提供适宜支持	PPT	访谈法——提供适宜支持

📋 任务实施

活动 1　支持家长在居家环境中促进特殊儿童自护能力提升

【步骤 1】向特殊儿童家长普及安全教育理念

选择一种恰当的形式向家长普及安全教育理念，并把你的作品呈现在下列方框中。

要点示范

可能的形式：开设家长课堂、微信公众号信息推送、举办专题讲座、提供专家咨询服务、向家长发放相关手册等形式……

【步骤 2】开发家长教育资源开展"体验式"安全实践教学活动

依据所实习或任教班级家长职业特点，设计安全实践教学活动，填入表 6-21。

表 6-21　安全实践活动设计单

家长职业	安全实践活动	活动内容

要点示范

表 6-22　安全实践活动设计单示例

家长职业	安全实践活动	活动内容
消防员	火灾自救安全教育	了解消防用品
		模拟火灾自救演练
厨师	食品卫生安全事项	识别食品保质期
		健康饮食菜谱

活动2　在园所环境中支持特殊儿童自护能力提升

【步骤1】创设安全的教育环境

1. 对标园所安全规定检查室内外环境，排查安全隐患。

2. 创设环境增加"体验式安全教育"。

选择一个特定的环境，增加可以控制的"危险因素"，让儿童学会感受危险并应对危险。

环境：

欠缺的安全意识或技能：

_____

_____

增加的危险因素：

_____

_____

安全行为：

_____

_____

👤**要点示范**

环境：在操场练习火灾安全逃生时的动作。

欠缺的安全意识或技能：逃生姿势不到位，不注意避让危险物品。

增加的危险因素：铁圈、垫板。

安全行为：弯腰钻过铁圈，跑动时绕过垫板。

【步骤2】寓游戏于安全教育之中

将儿童需要提升的安全意识及安全技能融入一个小游戏中，进行教导，并将游戏表演视频的二维码粘贴在下列方框中。

（空白框）

要点示范

地震游戏

游戏目的：了解地震来的时候，人们会有什么反应以及心情是怎样的。

游戏形式：角色扮演。

游戏准备：角色头套、医生、警察、消防员、护士、教师、儿童这几个角色的象征性服装道具。

角色分工：1号小朋友——医生，2号小朋友——警察，3号小朋友——消防员，4号小朋友——护士，5号小朋友——教师，6号、7号、8号小朋友——儿童

游戏开展：

（1）情景游戏——地震了，幼儿园大班的小朋友被困在教室里，需要展开救援；

（2）救援行动，各角色各就各位，各司其职；

（3）活动任务讨论：

地震发生时，人们会有什么反应：

A.人们都在着急地往外跑。

B.人们在逃生的过程中，都站不稳，摇摇晃晃的。

C.躲到桌子底下。

D.哭喊，打电话求救。

……

地震发生时，人们的心情怎样?

A.伤心的

B.害怕的

C. 紧张的

……

【步骤 3】运用童谣渗透法帮助儿童牢记安全要领

将儿童需要提升的安全意识及安全技能编成一首童谣，并记录在下面。

_____

_____

要点示范

童谣《安全上下楼梯》

安全上下楼梯

上楼梯 下楼梯

不能推来又推去

你让我 我让你

安全顺利上下楼

上楼梯 下楼梯

不能快跑不要跳

抓扶手慢慢走

安全顺利上下楼

上楼梯 下楼梯

不能推来又推去

你让我 我让你

安全顺利上下楼

上楼梯 下楼梯

不能快跑不要跳

抓扶手慢慢走

安全顺利上下楼

【职业伦理】

《特殊教育专业师范生教师职业能力标准（试行）》在"专业知识"中指出："掌握针对学生可能出现的各种侵犯与伤害行为、意外事故和危险情况下的危机干预、安全防护与救助的基本知识与方法。"

※ 任务提示

在创设安全环境和教导安全意识与技能时，教师一定掌握科学正确的方法。

任务评价

任务完成后，依据表 6-23 对学习过程进行评价。

表 6-23 "支持特殊儿童安全行为"任务评价表

指标	内容	分值	自我评价	组内互评	教师评价
任务准备	观看微课	10			
	完成自学反馈	5			
任务实施	能采用恰当的方式向家长普及安全教育理念	15			
	能积极开发家长安全教育资源	10			
	能及时排查室内外安全隐患	10			
	能合理增加"危险因素"	15			
	能采用游戏或童谣的方式教导安全行为	15			
协作学习	积极参与	5			
	按时完成	5			
	协商合作	5			
	反思改进	5			
合计		100			
综合评价	自我评价（30%）	组内评价（40%）	教师评价（30%）	总分	

⭐技能加油站

　　培养儿童自护的能力和意识，需要教师具备良好和全面的安全教育素养。我国学者柯亮在《基于结构方程模型的幼儿教师安全素养内涵体系构建及测评》中，基于结构方程模型建构了幼儿教师安全素养内涵体系。在幼儿教师安全素养内涵体系中包含安全意识、安全知识和安全能力三个维度，其中安全意识维度细分为自我保护意识、安全防范意识、安全责任意识、公共安全意识；安全知识维度细分为安全法律知识、安全急救知识；安全能力维度细分为安全管理知识、安全防范能力、隐患排查能力、危机处理能力和安全教育能力。具体的内容参考表6-24。

表6-24　幼儿教师安全素养测评指标体系

一级指标	二级指标	释义
安全意识	自我保护意识	生活中具有高度的危险识别性和警惕性
	安全防范意识	在生活和工作中对危及儿童安全的事件有高度的警觉性，对存在的安全隐患具有排查和预防意识
	安全责任意识	时刻以"儿童"为中心，保护儿童生命安全
	公共安全知识	包括预防和应对社会安全、公共卫生，意外伤害、自然灾害，网络信息安全及影响学生安全的其他事故或事件六个模块
安全知识	安全法律知识	校园安全法律法规、幼儿园安全政策法规等
	安全急救知识	针对儿童常见的意外伤害所具备的急救常识
安全能力	安全管理能力	幼儿园安全风险的防范、管控和处置
	安全防范能力	对危险源进行识别、风险评估和分级管控风险
	隐患排查能力	排查风险管控过程中出现的缺陷、漏洞和失控环节
	安全处理能力	应对幼儿园内外安全突发事件的应急处置能力
	安全教育能力	培养儿童安全意识，丰富儿童安全知识，提升儿童自我保护能力

项目七　观玩耍促嬉戏之乐——量表检核

📋 项目情境

"专一"的小如

特殊儿童档案

姓名：小如　性别：女　年龄：5 岁 2 个月

障碍类型：中度孤独症儿童

性格特点：专注；固执、刻板。

动画　　"专一"的小如

　　自由活动时间，小朋友们在开心地玩耍。小如在角落里搭积木。绘画时间，小如坐在桌边仍是搭积木。讲故事时间，小如同样只是搭积木。老师发现，小如只喜欢搭积木，对其他游戏材料没有任何兴趣。

融合教师有话说

　　儿童的天性是好奇的，他们渴望获得新经验。孤独症谱系障碍儿童往往兴趣狭隘，这会阻碍他们接触更加丰富和多彩的世界。所以我们要尝试扩展他们的兴趣。

📋 学习目标

素质目标

1. 通过制订及修订检核表或等级量表，树立科学严谨、精益求精的职业态度。

2. 通过教导儿童玩民间游戏，提升民族文化自信心和自豪感。

能力目标

1. 能依据实际需求选择及编制恰当的检核表和等级量表。

2. 能制订基于量表检核的观察计划。

3. 能在观察者训练的基础上使用检核表和等级量表实施行为观察。

4. 能对检核表和等级量表结果进行统计汇整并用合适的图表呈现。

5. 能为儿童制订三阶游戏行为正向支持计划。

6. 能围绕目标行为撰写社交故事。

7. 能选择合适的同伴开展同伴介入。

8. 能使用行为塑造方式教导儿童恰当的社交行为。

知识目标

1. 掌握能与小朋友一起游戏的典型行为表现。

2. 了解检核表法的含义、特征和优缺点。

3. 了解等级量表法的含义、特征和优缺点。

4. 掌握分解目标行为的方法和原则。

5. 熟悉确定行为等级的维度和标准。

学习地图

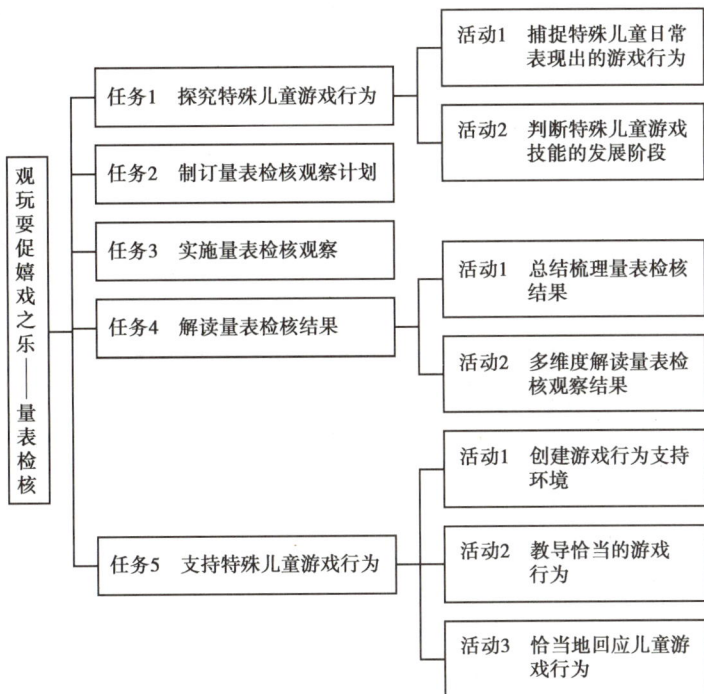

感悟内涵

【铸师魂】精益求精

国学语录

如切如磋，如琢如磨。——《诗经·卫风·淇奥》

释义：把骨、牙、角、玉、石之类弄得更加晶莹光洁、玲珑精美。比喻研究学问的细致认真、刻苦钻研，以及形容品格修养的高深。

这种执着专注、精益求精、一丝不苟、追求卓越的工匠精神，早已融入中华民族的文化血液。

【润童心】畅玩民游 传承经典

还记得童年的游戏吗？介绍一个印象深刻的童年游戏。

_____

_____

项目建组

请4～6人自由组队，分工协作完成本项目的学习、记录和评价。具体要求如下：

1. 每组内需要有一名组长，组员每人均承担一定任务。

2. 确定组名。

3. 记录建组过程中遇到的困难和解决措施。

4. 填写下列分组情况表格。

表 7-1　项目七建组情况

组名		组长姓名		组长学号	
组员姓名	组员学号	承担任务			准备
遇到的困难					
解决措施					

任务1 探究特殊儿童游戏行为

任务目标

1. 理解游戏技能对特殊儿童融合的影响。

2. 掌握儿童游戏发展的顺序与规律。

3. 了解特殊儿童游戏行为的观察情境及观察要点。

4. 能捕捉到特殊儿童日常表现出的游戏行为。

任务描述

活动 1　捕捉特殊儿童日常表现出的游戏行为。

活动 2　判断特殊儿童游戏技能的发展阶段。

任务准备

【知识储备】

1. 阅读《指南》——【社会领域】——【人际交往】中的相关内容。

目标 1　愿意与人交往

3～4岁	4～5岁	5～6岁
1. 愿意和小朋友一起游戏	1. 喜欢和小朋友一起游戏，有经常一起玩的小伙伴	1. 有自己的好朋友，也喜欢结交新朋友
2. 愿意与熟悉的长辈一起活动	2. 喜欢和长辈交谈，有事愿意告诉长辈	2. 有问题愿意向别人请教
		3. 有高兴的或有趣的事愿意与大家分享

目标 2　能与同伴友好相处

3～4岁	4～5岁	5～6岁
1. 想加入同伴的游戏时，能友好地提出请求	1. 会运用介绍自己、交换玩具等简单技巧加入同伴游戏	1. 能想办法吸引同伴和自己一起游戏

续表

3～4岁	4～5岁	5～6岁
2. 在成人指导下，不争抢、不独霸玩具	2. 对大家都喜欢的东西能轮流、分享	2. 活动时能与同伴分工合作，遇到困难能一起克服
3. 与同伴发生冲突时，能听从成人的劝解	3. 与同伴发生冲突时，能在他人帮助下和平解决	3. 与同伴发生冲突时能自己协商解决
	4. 活动时愿意接受同伴的意见和建议	4. 知道别人的想法有时和自己不一样，能倾听和接受别人的意见，不能接受时会说明理由
	5. 不欺负弱小	5. 不欺负别人，也不允许别人欺负自己

目标3　具有自尊、自信、自主的表现

3～4岁	4～5岁	5～6岁
1. 能根据自己的兴趣选择游戏或其他活动	1. 能按自己的想法进行游戏或其他活动	1. 能主动发起活动或在活动中出主意、想办法
2. 为自己的好行为或活动成果感到高兴	2. 知道自己的一些优点和长处，并对此感到满意	2. 做了好事或取得了成功后还想做得更好
3. 自己能做的事情愿意自己做	3. 自己的事情尽量自己做，不愿意依赖别人	3. 自己的事情自己做，不会的愿意学
4. 喜欢承担一些小任务	4. 敢于尝试有一定难度的活动和任务	4. 主动承担任务，遇到困难能够坚持而不轻易求助
		5 与别人的看法不同时敢于坚持自己的意见并说出理由

2. 扫码学习典型行为表现基础知识。

微课　　典型行为表现：与小朋友游戏

PPT　　典型行为表现：与小朋友游戏

任务实施

活动 1　捕捉特殊儿童日常表现出的游戏行为

【步骤 1】确定观察对象

在你所实习或任教的班级内分别选择一名有特殊教育需要的儿童。将儿童基本信息填写在表 7-2 中。

【步骤 2】识别游戏行为

对照《指南》中【社会领域】——【人际交往】——【目标 1 愿意与人交往】【目标 2 能够与同伴友好相处】【目标 3 具有自尊、自信、自主的表现】的具体描述，观察选定儿童的日常活动，讨论儿童表现出了哪些游戏行为？是否与《指南》描述相符。将游戏行为相关信息填写在表 7-2 中。

表 7-2　"识别游戏行为"任务单

儿童基本信息			
化名或编号		年龄	岁　月
性别	□男　□女	就读班级	□小班　□中班 □大班
是否特殊儿童	□是　□否 若回答是，请填写下列内容 障碍类型：□智力障碍　□多动及注意力缺陷 □孤独症谱系障碍　□学习障碍		
游戏行为表现			
《指南》相关描述	具体表现	是否与《指南》相符	备注
		□是　□否	
		□是　□否	
		□是　□否	
		□是　□否	
		□是　□否	
		□是　□否	

【职业伦理】

《特殊教育教师专业标准（试行）》在"专业理念和师德维度"中指出要"理解残疾是人类多样性的一种表现，尊重个体差异，主动了解和满足学生身心发展的特殊需要"。

> ※ 任务提示
>
> 表 7-2 中请结合《指南》主动了解和满足学生身心发展的特殊需要，尊重儿童的个体差异。

活动 2　判断特殊儿童游戏技能的发展阶段

观察选定儿童的日常活动，记录儿童日常表现出的游戏行为，并且依据帕顿的社会性发展理论判断儿童游戏技能的发展阶段，将相关结果填入表 7-3。

表 7-3　"儿童游戏技能发展阶段"任务单

儿童基本信息				
化名或编号		年龄	岁　月	
性别	□男　□女	就读班级	□小班　□中班　□大班	
是否特殊儿童	□是　□否 若回答是，请填写下列内容 障碍类型：□智力障碍　□多动及注意力缺陷 　　　　　□孤独症谱系障碍　□学习障碍			
观察情景				
游戏行为表现				
游戏技能发展阶段				
判断依据				

【职业伦理】

《特殊教育教师专业标准（试行）》在"反思与发展维度"中指出"主动收集分析特殊教育相关信息，不断进行反思，改进教育教学工作"。要善于在一日生活中观察并收集特殊教育需要儿童的相关信息，不断反思，改进教学。

※ 任务提示

表7-3中在对儿童的游戏行为进行分析时，一定要结合游戏的基本理论进行。

任务评价

任务完成后，依据表7-4对学习过程进行评价。

表7-4　"探究儿童游戏行为"任务评价表

指标	内容		分值	自我评价	组内互评	教师评价
任务准备	阅读《指南》相关内容		5			
	观看微课		10			
	完成自学反馈		5			
任务实施	活动1	确定观察对象	5			
		识别游戏行为	20			
		游戏行为表现记录客观、全面、准确	10			
	活动2	游戏技能发展阶段判断正确	10			
		判断依据合理	15			
协作学习	积极参与		5			
	按时完成		5			
	协商合作		5			
	反思改进		5			
合计			100			
综合评价	自我评价（30%）	组内评价（40%）	教师评价（30%）		总分	

技能加油站

以皮亚杰等为代表的认知学派倾向于将认知发展作为儿童游戏分类的依据。认为游戏的发展是沿着认知发展的线索而展开的，在不同的认知发展水平上，便会出现不同水平的游戏形式。刘焱在《儿童游戏通论》一书中依据儿童游戏的认知特点，可将游戏分为以下四种：

分类	行为表现
练习性游戏	感觉运动游戏，亦称练习性游戏或机能性游戏，是儿童认知发展初期（约0~2岁）的主要游戏形式。此类游戏以儿童的身体运动和感知觉活动为中心，通过简单、重复的动作获得快感，如拍打、抓握、踢蹬等。游戏过程中，儿童主要依赖感觉和运动器官的直接体验来探索环境，学习控制自己的身体动作，并逐步建立动作与结果之间的因果联系。
象征性游戏	象征性游戏，又称符号游戏或假装游戏，是儿童进入前运算阶段（约2~7岁）后典型的游戏形式。在此阶段，儿童开始能够使用符号（如语言、物体）来代表其他事物或概念，进行象征性转换。象征性游戏的核心在于"以物代物"和"以人代人"，如用积木代替电话、扮演医生或妈妈等角色。这种游戏形式反映了儿童思维的具体形象性和想象能力的初步发展。
结构性游戏	结构性游戏，又称建构游戏或造型游戏，是指儿童利用积木、积塑、沙土等材料进行有目的、有计划的建构活动。此类游戏通常在儿童的具体运算阶段（约7岁以后）得到显著发展，但也可在更早的年龄阶段出现。结构性游戏强调儿童的创造性思维和动手操作能力，要求儿童根据一定的目的和计划进行建构活动。这类游戏有三个基本特点：①以造型为基本活动，往往以搭建某一建筑物或物品为动因，如搭一座公园的大门、建一个汽车的模型等。②活动成果是具体的造型物品，如门楼、飞机、坦克、卡通形象等。③它与角色游戏存在着相互转化的密切关系。
规则性游戏	规则性游戏是指具有一定规则和竞赛性质的游戏，通常由两个或两个以上的儿童参与。此类游戏通常在儿童的具体运算阶段后期（约7岁以后）开始盛行，但也可在较早的年龄阶段以简化形式出现。规则游戏强调游戏的规则性和公平性，要求儿童遵守游戏规则并具备一定的策略思维。

任务 2　制订量表检核观察计划

任务目标

1. 掌握检核表法的含义、特性及优缺点。

2. 掌握等级评定量表的含义、特性及优缺点。

3. 掌握编制检核表和等级评定量表的方法。

4. 能够使用量表检核儿童游戏行为。

5. 能够使用图表总结和分析观察结果。

任务描述

针对任务 1 中特殊教育需要儿童，围绕其游戏行为，编制观察记录单并制订量表检核观察计划。

任务准备

【知识储备】

1. 扫码学习检验表法和等级评定量表法基础知识。

微课	检核表法	PPT	检核表法
微课	等级评定量表法	PPT	等级评定量表法

2. 扫码学习制订观察计划基础知识。

微课		检核表法——制订观察计划
PPT		检核表法——制订观察计划
微课		等级评定量表法——制订观察计划
PPT		等级评定量表法——制订观察计划

任务实施

【步骤 1】确定观察目的

聚焦任务 1 中了解到的儿童游戏行为概况，确定观察的目的，将儿童基本信息及观察目的填写在表 7-13 中。

要点示范

检核表法的观察目的是了解儿童某一行为是否出现。

等级量表法的观察目的是了解行为发生的程度、频率等。

观察目的 1：了解儿童是否表现出适龄的社会性游戏行为。

观察目的 2：了解儿童社会性游戏发展程度。

【步骤 2】明确观察目标

根据观察目的，结合《指南》《0-6 岁儿童发展里程碑》等文件以及儿童游戏发展理论，明确观察的目标，填写在表 7-13 中。

要点示范

1. 目标行为组成

社会性游戏指的是儿童与他人共同进行游戏的能力，心理学家帕顿按照儿童游戏的社会性参与程度，将游戏分为 6 个阶段：无所事事、旁观者、单独游戏、平行游戏、联合游戏、合作游戏。据此，可将目标行为按照表 7-5 所示内容进行划分。

表 7-5　"社会性游戏"目标行为组成示范

成分	描述
无所事事	东游西逛,行为缺乏目标。
旁观者	观看同伴的游戏,偶尔同他们交流,有时向他们提问,但行为上并不介入他人的游戏。
独自游戏	儿童独自一个人玩玩具,专注自己的游戏,不注意伙伴做什么玩什么。
平行游戏	仍独自一个人玩玩具,但所使用的玩具与附近伙伴相似或相同,只在同伴附近玩。
联合游戏	和其他儿童一起玩,谈论共同的活动,但没有明确的分工,没有组织,只根据自己愿望。
合作游戏	儿童在游戏中围绕一个共同的主题,有共同的目的,分工合作的有组织的游戏。

2. 阐述行为检核指标

表 7-6　"社会性游戏行为"行为指标

成分	行为指标
无所事事	是否东游西逛,行为缺乏目标。
旁观者	是否愿意看别人玩游戏。
独自游戏	是否用自己的玩具或材料独自玩游戏。
平行游戏	是否用和他人相似的玩具或材料进行平行游戏。
联合游戏	1.能够礼貌地询问:"我可以加入你们吗?/可以一起玩吗?"
	2.观察其他儿童的游戏,并且通过为游戏做某些事而加入。
	3.游戏中能够持续关注其他儿童的行为。
	4.根据其他儿童的游戏行为进行交谈。
	5.交谈时能够保持眼神接触。
	6.当别人发表游戏相关看法时,能够认真倾听。
	7 能够根据别人的意见调整游戏行为。
合作游戏	1.儿童的游戏行为是否围绕一个共同主题进行。
	2.在游戏前或过程中,儿童是否能够明确分工。
	3.分配任务时是否考虑到每个人的能力和兴趣。
	4.儿童在游戏中是否能够扮演好自己的角色,完成自己的任务。
	5.是否能够尊重他人的分工和角色,不越权或干涉他人的工作。
	6.在分工合作的过程中,儿童是否能与他人协作配合,共同完成游戏目标。
	7.是否能及时调整自己的角色和任务,以适应游戏进程的变化。

3. 注意区分观察目的与观察目标的不同

观察目的：了解儿童是否表现出适龄的社会性游戏行为。

观察目标：了解儿童社会性游戏的发展水平和阶段。

【步骤 3】编制行为检核表

1. 确定量表类型

依据观察目的，确定是采用检核表还是采用等级量表进行观察。

□检核表　　□等级量表

👤要点示范

表 7-7　依据观察目的确定量表类型示范

观察目的	量表类型	确定依据
了解儿童是否表现出适龄的社会性游戏行为。	检核表	观察行为是否出现
了解儿童社会性游戏发展程度。	等级量表	观察行为发生的程度

2. 编制量表

依据观察目标行为的数量、观察对象的人数等因素，参考"要点示范"部分的记录单模板，自主编制合适的观察记录单。请将自主编制的量表绘制在下列区域。

要点示范

1. 分解目标行为

在编制量表时，需要将目标行为进行分解，可以按照下列方式进行分解：

①依据儿童行为发展标准文件

②依据特定行为的发展顺序

③依据课程目标

④依据行为组成部分或步骤

⑤依据需要的辅助程度

2. 检核表示范

表 7-8 儿童在辅助下使用剪刀技能（观察多名儿童）

目标行为: 辅助下使用剪刀技能								
观察情境: 手工活动								
观察者	王老师	日期	9月11日	时间	10：00-10：30			
	使用剪刀技能					辅助方式		
姓名	迅速地剪	一次完整剪的动作	剪直线	剪曲线	剪三角形	手把手	轻扶剪刀	仅使用辅助剪刀
A				√				√
B			√				√	
C			√				√	
D	√							
E			√			√		
F				√				√

改编自: Oralie McAfee, 等. 怎样评价儿童才有效 [M]. 北京: 中国轻工业出版社, 2021: 170.

表 7-9 儿童洗手技能检核表（观察单个儿童）

序号	步骤	5月1日	5月2日	5月3日
1	打开水龙头			
2	淋湿双手			

续表

序号	步骤	5月1日	5月2日	5月3日
3	关掉水龙头			
4	打肥皂			
5	搓手			
6	打开水龙头			
7	冲掉泡沫			
8	关掉水龙头			
9	擦干双手			

表7-10 斯米兰斯基社会性主题角色游戏量表（观察多名儿童）

儿童编号	角色扮演	想象的转换			社会互动	语言沟通		持续性	备注
		材料	动作	情景		无交际	假装的角色沟通		
1	√		√	√	√			√	
2		√	√				√		
3	√	√	√		√		√		
4		√		√	√			√	
5	√		√			√		√	

表格来源于《儿童行为观察与案例》李晓巍主编，华东师范大学出版社，2017年，第126页。

表7-11 特定行为检核表（包含计数）

名字	日期	课堂干扰行为			
		制造噪声行为	离座与移动行为	抵抗与拒绝行为	攻击与破坏行为
小明	2023.04.05	I		II	
花花	2023.04.06	II	III		
小刚	2023.04.07	I		II	
文文	2023.04.08	III		III	I

3. 等级量表示范

编制等级量表时首先以文字形式描述行为表现，然后确定等级标准。

表 7-12 玩耍和休闲评估量表

序号	条目	等级		
1	与他人玩简单的互动游戏,如躲猫猫、拍手游戏等。	2	1	0
2	在老师的监督下,与一名或多名学生进行互动游戏,至少5分钟。	2	1	0
3	在家长或老师的要求下,分享玩具或物品。	2	1	0
4	保护自己,远离具有伤害性与破坏性行为(如咬人、打人、扔东西、砸东西等)的人。	2	1	0
5	与小伙伴一起进行简单的角色扮演活动(如扮成超级英雄)。	2	1	0
6	做游戏或运动时,在协助下才知道轮流的规则。	2	1	0
7	在最少的协助下,与小伙伴一起玩耍。	2	1	0
8	与小伙伴玩简单的不计分户外小组游戏,如跳绳、接球等(非竞争性的)。	2	1	0
9	在老师的监督下,与一名或多名学生进行互动游戏,时间至少20分钟。	2	1	0
10	通过语言或非语言提示,知道自己受欢迎时,就会加入活动中。	2	1	0
11	要求和他人一起玩耍。	2	1	0
12	主动分享玩具或物品。	2	1	0
13	在玩游戏或运动时,知道轮流的规则。	2	1	0
14	在比赛或运动中表现出良好的体育精神:当他人赢得比赛时,表示祝贺;当他人输掉比赛时,安慰他人,不放弃。	2	1	0
15	与其他学生一起参与精心设计的表演活动,活动涉及多个角色、场景(学校、餐厅),制作成微电影。	2	1	0
16	在游戏或运动中,自觉遵守规则。	2	1	0
17	在使用他人的物品或他人正在使用的物品之前,先获得他人的允许。	2	1	0
18	通过语言或非语言提示,知道自己未得到同意,就不加入活动中。	2	1	0
19	玩简单的计分室内外游戏,如井字游戏、踢球、纸牌游戏等(竞争性的)。	2	1	0

资料节选自: Domenic V. Cicchetti, Celine A. Saulnier, Sara S. Sparrow,(2016). Vineland Adaptive Behavior Scales(Comprehensive Teacher Form), Third Edition。

【步骤4】准备观察工具

在表7-13中填写要准备的观察工具。

表 7-13 "量表检核"观察计划表

观察对象		班级		出生日期	年 月 日
观察者	□带班老师　□生活老师　□教学督导　□其他				
观察目的					
观察领域	□健康 □身心状况 □动作发展 □生活习惯与 　生活能力	□语言 □倾听与表达 □阅读与书写 　准备	□社会 □人际交往 □社会适应	□科学 □科学探索 □数学认知	□艺术 □感受与欣赏 □表现与创造
目标行为					
观察方法	□轶事记录　□检核表　□等级量表　□时间取样　□事件取样　□访谈儿童 □访谈家长　□永久性资料（□作品　□照片　□视频　□音频）				
观察环境					
观察时段	□早上　□上午　□中午　□下午　□放学　□其他				
观察工具	□观察记录单　□录音设备　□录像设备　□笔　□计时工具				
观察结果	□文字　□图表				
观察次数	＿＿＿次／天　＿＿＿次／周				
其他事项					

🧑 要点示范

表 7-14 "量表检核"观察计划范例

观察对象	小 C	班级	中班	出生日期	2020 年 01 月 13 日
观察者	□带班老师　√生活老师　□教学督导　□其他				
观察目的	了解儿童的社会性游戏能力发展程度				
观察领域	□健康 □身心状况 □动作发展 □生活习惯与 　生活能力	□语言 □倾听与表达 □阅读与书写 　准备	√社会 √人际交往 □社会适应	□科学 □科学探索 □数学认知	□艺术 □感受与欣赏 □表现与创造
目标行为	儿童社会性游戏的发展状况及阶段				

续表

观察方法	□轶事记录 √检核表 □等级量表 □时间取样 □事件取样 □访谈儿童 □访谈家长 □永久性资料(□作品 □照片 □视频 □音频)
观察环境	选择有同伴交往机会的区域活动观察,对有儿童同伴交往行为的观察,需要在儿童有机会与同伴进行社会互动时观察。
观察时段	□早上 √上午 □中午 □下午 □放学 □其他
观察工具	√观察记录单 □录音设备 √录像设备 √笔
观察结果	□文字 √图表
观察次数	__2__ 次/天 __3__ 次/周
其他事项	两位老师同时进行观察记录,并且借助摄影机全程拍摄,后期可以往复观察,进行观察结果的修正。

【职业伦理】

《特殊教育教师专业标准(试行)》在"专业知识维度"中指出:"了解学生身心发展的特殊性与普遍性规律,掌握学生残疾类型、原因、程度、发展水平、发展速度等方面的个体差异及教育的策略和方法。"

※ 任务提示

表 7-14 中在选择观察方法、观察环境等观察细节时,我们需要确保能够更好地掌握儿童的个体差异。

任务评价

任务完成后,依据表 7-15 对学习过程进行评价。

表 7-15 "量表检核"任务评价表

指标	内容	分值	自我评价	组内互评	教师评价
任务准备	观看微课	10			
	完成自学反馈	5			
任务实施	观察目的符合实际需求	5			

续表

指标	内容	分值	自我评价	组内互评	教师评价
任务实施	目标行为具体明确	20			
	观察情境具体，能观察到目标行为	5			
	目标行为符合分解符号聚焦原则、穷尽原则、独立原则、互斥原则、可观察性原则	25			
	观察记录单设计合理，符合观察目的	10			
协作学习	积极参与	5			
	按时完成	5			
	协商合作	5			
	反思改进	5			
合计		100			
综合评价	自我评价（30%）	组内互评（40%）	教师评价（30%）	总分	

⭐技能加油站

在观察过程中获取的数据，必须确保其可靠性和有效性，因为这样的数据是评估行为和设计干预方案不可或缺的基础资料。然而，观察作为一个人为的过程，往往容易受到操作偏差的影响。具体而言，教师的个人期望可能会不自觉地影响其观察结果；不同的观察者对评分标准的理解差异也可能导致观察结果的偏差；儿童在被观察时可能会因为意识到这一点而刻意掩盖自己的真实行为，从而影响观察的准确性；此外，其他外部环境因素同样可能对观察结果产生干扰。因此，观察结果的准确性可能受到多种因素的干扰，表 7-16 中列出的任何一个因素都可能是误差的来源。Sattler，J.M.等在《儿童评价》一书中对观察记录误差的来源及相应类型进行了总结。

表 7-16　观察记录误差来源与误差类型

误差来源	误差类型
观察者的个人素质	私人感情、光环效应、期望效应、个人理论、个人价值观、高估自己不甚了解的特质或行为、逻辑误差

误差来源	误差类型
环境、编码、量表及工具	不具代表性行为的环境,不能准确地编码,特定事件的影响,不恰当地使用评价量表,机械设备缺乏准确性
当事儿童	儿童当天有生理或心理的不适;儿童以迎合观察者的线索的方式做出反应,改变其行为、态度或扮演的角色
样本	不具代表性的样本、样本的不稳定性、不具代表性的数据

资料来源于: Sattler, J.M., Hoge, R.D.. 儿童评价 [M]. 陈会昌, 等译 . 北京: 中国轻工业出版社, 2008: 284.

任务 3　实施量表检核观察

任务目标

1. 了解量表检核的具体使用过程。

2. 能准确判断儿童行为发生与否及相应程度。

3. 能以科学严谨的态度实施行为检核。

任务描述

针对任务 1 中选定的儿童，按照任务 2 中的观察计划并使用编制好的观察记录单开展观察记录。

任务准备

【知识储备】

扫码学习试实施观察记录的基础知识，并完成下面的自学反馈。

微课	量表检核——实施观察记录	PPT	量表检核——实施观察记录

任务实施

【步骤 1】观察者训练

请邀请一名同伴与你一起参与观察者训练环节的任务。

1. 了解观察目的并熟悉观察项目

再次阅读观察计划，确定是否了解观察目的、观察项目及每个项目行为的操作性定义，有异议的地方需要尽快提出并进行澄清和讨论，将了解情况填入表 7–17。

表 7-17　观察目的与观察项目了解自我检核表

了解内容	是否了解
观察目的	□是　　□否
观察项目	□是　　□否
目标行为操作性定义	□是　　□否
存在异议的部分	澄清与讨论结果

2. 了解观察工具的使用与记录方法

确认要使用的记录方法：

□特殊符号记录　　□简写记录　　□勾选记录　　□划记

要点示范

表 7-18　特殊符号记录范例

内容 表现	能（★★★）	在指导下（★★）	加油（★）
身体平衡地双脚连续向前跳跃	★★★		
跳进塑料圈时双脚同时落地		★★	

表 7-19　简写记录范例

儿童姓名	日期	扔球	接球	踢球
小 A	3/18/2014	Y	Y	N
小 B	3/18/2014	N	N	N
小 C	3/18/2014	Y	N	N
小 D	3/18/2014	Y	Y	N
小 E	3/18/2014	N	N	—
小 F	3/18/2014	Y	Y	N

表 7-20　勾选记录范例

同伴相处检核	是	否
1. 会运用介绍自己、交换玩具等简单技巧 加入同伴游戏。	√	
2. 对大家都喜欢的东西能轮流分享。	√	
3. 与同伴发生冲突时，能在他人帮助下和平解决。		√
4. 活动时愿意接受同伴的意见和建议。	√	
5. 不欺负弱小。	√	

表格内容来源于: 中华人民共和国教育部 .(2012).3-6 岁儿童学习与发展指南 .

表 7-21　划记范例

名字	日期	加入游戏行为检核			
		直接询问	观察并模仿	寻求帮助或建议	展示共享物品或技能
小明	2024.04.15	I	II	I	
小明	2024.04.16	II			
小明	2024.04.17	I	II		I
小明	2024.04.18	III		III	

3. 熟悉观察器材的操作方法与使用时机

请确保观察器材可用并熟练操作，将具体情况填入表 7-22。

表 7-22　观察器材情况统计

观察器材	电充足	存储空间充足	是否熟悉操作
录像设备	□是　□否	□是　□否	□是　□否
录音设备	□是　□否	□是　□否	□是　□否
	□是　□否	□是　□否	□是　□否
	□是　□否	□是　□否	□是　□否

4. 实施观察练习

与你的同伴分别独立地使用同一观察表对相同的对象进行观察与记录，比较你们的记录结果，一致性在 80% 及以上即为达标，请将练习情况记录如下。

一致性：＿＿%

是否达标：□是　□否

未达标原因：

_____

_____

改进措施：

_____

_____

【步骤 2】实施观察记录

将观察记录填写在任务 2 步骤 4 中自主编制的记录单中。

👥要点示范

1. 尽量客观，避免对观察对象形成偏见。

2. 一名以上的观察者运用同一检核表观察同一儿童的同一目标行为，确保记录的一致性。

3. 使用统一的记录方式。

4. 使用备注或者结合其他描述性观察方法。

表 7-23　检核表法观察记录示范

日期	12/15/2023	观察者	张老师	课程领域		健康 / 动作发展	
具体环境	活动室						
在场人员	一名观察记录老师　　一名辅助老师						
目标行为	儿童在上下楼梯时能做到双脚交替、身体平稳和动作连贯。						
儿童	性别	技能					备注
		双脚交替	身体平稳	动作连贯	一级一级走	眼睛看脚下	未抓扶物体或他人	
1	M	－	＋	＋	＋	＋	＋	

续表

儿童	性别	技能						备注
		双脚交替	身体平稳	动作连贯	一级一级走	眼睛看脚下	未抓扶物体或他人	
2	F	+	+	+	+	+	+	
3	F	+	+	+	+	+	+	
4	F	/	+	+	+	+	+	
5	M	+	−	+	+	+	+	
6	M	−	−	−	+	+	+	
7	F	−	+	+	+	+	+	
8	M	+	+	+	+	+	+	
9	M	+	+	+	+	+	+	
10	M	+	+	+	+	+	+	
11	F	−	−	+	+	+	+	
12	M	−	−	−	+	+	+	
13	F	+	−	+	+	−	+	看摄像机
14	F	+	+	+	+	+	+	
15	M	/	−	−	+	+	+	
16	M	−	−	−	−	−	−	老师牵着手辅助
17	F	−	−	−	+	+	+	
18	M	+	+	+	+	+	+	

说明：性别：M＝男　F＝女

技能符合标准记为＋，部分符合记为／，完全不符合记为－

表 7-24　等级量表法观察记录示范

填表说明：请根据儿童平时的习惯或表现，选择出最适合儿童情况的答案。					
儿童姓名	金金	性别	女	年龄	4岁5个月
观察时间	2010年5月	观察者	于老师		
行为	优	良	中	差	极差

续表

与同龄儿童相比，儿童与同伴相处	能在游戏中与他人合作，还能主动协商，做出妥协			
与同龄儿童相比，儿童对教师的行为举止	能主动配合老师的要求，有礼貌，主动问好			
与同龄儿童相比，儿童的做事专注程度		较容易分散注意力，被无关的声音所吸引		
与同龄儿童相比，儿童的生活自理能力			不能自己完成吃饭和穿衣等事情	

任务评价

任务完成后，依据表 7-25 对学习过程进行评价。

表 7-25　"实施量表检核"任务评价表

指标	内容	分值	自我评价	组内互评	教师评价
任务准备	观看微课	10			
	完成自学反馈	5			
任务实施	观察者训练一致性在 80% 及以上	20			
	观察记录客观	15			
	记录方式恰当	15			
	能够结合其他方法使用	15			
协作学习	积极参与	5			
	按时完成	5			
	协商合作	5			
	反思改进	5			
合计		100			
综合评价	自我评价（30%）	组内互评（40%）	教师评价（30%）		总分

技能加油站

在很多研究中，研究者或其助手要收集数据。但由于人为误差，会增加数据收集过程中不一致性的概率。此外，虽然我们竭尽全力保证目标行为的操作性的定义，测量系统的清晰性和准确性，但不同观察者对观察期间儿童行为的评估是有差异的。研究人员可以使用观察者一致性（IOA：Interobserver agreement）判定观察程序的质量。常见 IOA 计算方式有下列几种：

1. 总计数 IOA（Total count IOA）

总计数 IOA 是 IOA 事件记录资料中最简单粗略的指标；比较每个观察者每次观察时间内的总次数；计算方法是将两观察者中较小的总数除以较大的总数后，再乘以 100%。公式如下：

$$总计数\ IOA\%=\frac{较小的次数}{较大的次数}\times 100\%$$

例如，假设王老师和李老师以一节课 40 分钟为观察时间，共同观察了明明举手行为的次数，根据王老师的观察记录，明明有 10 次举手，李老师则记录了明明有 9 次。在观察时间内总计数 IOA 是 90%（9÷10×100%=90%）。

2. 总持续时间 IOA（Total duration IOA）

两位观察者独自计算目标行为的持续时间。总持续时间 IOA 的计算方式是将两个观察者所记录的时间长度中，以较短的时间长度除以较长的时间长度，再乘以 100%，公式如下：

$$总持续时间\ IOA\%=\frac{短的时间长度}{长的时间长度}\times 100\%$$

例如，假设王老师和李老师共同观察了明明哭闹行为的持续时间，观察的结果如表 7-26 所示。

表 7-26　总持续时间 IOA 示范

观察者	行为 1	行为 2	行为 3	行为 4
王老师	1 分 14 秒	1 分 17 秒	3 分 13 秒	2 分 16 秒
李老师	1 分 16 秒	1 分 19 秒	3 分 15 秒	2 分 15 秒

通过计算可知王老师记录的总持续时间为 480 秒，李老师记录的总持续时间为 485 秒，所以两位老师的总持续时间 IOA 为 98.97%（480 ÷ 485 × 100% ≈ 98.97%）。

3. 逐一时距比较 IOA（Interval-by-Interval IOA）

当观察者采用时距记录的方式来收集数据时，我们可以采用逐一时距比较 IOA 的方法计算。当使用逐一时距比较 IOA 时，第一位观察者记录每一个时距，然后配对第二位观察者对同一时距的记录。计算逐一时距比较 IOA 的方式：

$$逐一时距比较 IOA = \frac{一致的时距数}{总时距数} \times 100\%$$

例如，王老师和李老师共同观察了明明在课堂上的干扰行为，两位老师以每 20 秒为一个时距，共观察了 5 分钟，观察的结果如表 7-27 所示。

表 7-27　逐一时距比较 IOA 示范

时距编码	1	2	3	4	5	6	7	8	9	10	11	12	13	14	15
观察1(王)	+	−	+	−	−	+	−	+	−	+	−	−	−	−	+
观察2(管)	+	−	+	−	+	+	−	+	−	+	−	−	−	−	+

根据上表内容可知，王老师和李老师一致的时距数有 14 个，总时距为 15 个，因此逐一时距比较 IOA 为 93.33%（14 ÷ 15 × 100% ≈ 93.33%）。

资料来源于：John O. Cooper，Timothy E. Heron，William L. Heward. 应用行为分析（第二版）/［M］. 美国展望教育中心，译. 武汉：武汉大学出版社，2012：120.

任务 4　解读量表检核结果

任务目标

1. 能对量表检核结果进行统计汇总。

2. 能用图表展现量表检核结果。

3. 能从多个维度对量表检核结果进行解读。

任务描述

活动 1　总结梳理量表检核结果。

活动 2　多维度解读量表检核观察结果。

任务准备

【知识储备】

1. 扫码学习总结观察结果的基础知识。

| 微课 | [二维码] 量表检核——总结观察结果 | PPT | [二维码] 量表检核——总结观察结果 |

2. 扫码学习解读观察结果的基础知识。

| 微课 | [二维码] 量表检核——解读观察结果 | PPT | [二维码] 量表检核——解读观察结果 |

![任务实施图标]**任务实施**

活动1　总结梳理量表检核结果

【步骤1】统计汇总

1.思考统计的方式：计数、百分比。

2.针对观察记录结果进行统计与汇总。

![要点示范图标]**要点示范**

1.计数统计示范

表7- 28　攻击行为检核表

时间	攻击者	被攻击者	攻击行为发生的原因					攻击方式		
			攻击性行为			敌意性行为		身体攻击	言语攻击	间接攻击
			抢占玩具	争夺地盘	维护其他权利	损害他人身体	损害同伴关系			
8：13	乐乐	小强	√					√		
8：45	乐乐	丽丽		√				√	√	
9：21	小刚	小强			√			√		
10：24	乐乐	小强	√					√		
11：15	小刚	天天		√				√	√	

续表

时间	攻击者	被攻击者	攻击行为发生的原因					攻击方式		
			攻击性行为			敌意性行为		身体攻击	言语攻击	间接攻击
			抢占玩具	争夺地盘	维护其他权利	损害他人身体	损害同伴关系			
12:05	小倩	花花					√			√
14:25	乐乐	小强	√			√		√		
14:26	小倩	花花					√			√
15:12	乐乐	小强	√					√	√	
统计			4	2	1	1	2	7	3	2

改编自: 孙玲, 等. 幼儿行为观察与分析 [M]. 长沙: 湖南师范大学出版社, 2021: 223.

2. 计次统计 + 百分比统计示范

表 7-29　中一班儿童区域活动检核表

	积木区	科学区	感官区	烹饪区	娃娃家	图书区	备注
1	√				√		
2		√		√	√		
3				√	√		
4	√	√	√		√		
5	√		√	√	√		
6			√		√		
7	√			√	√		
8	√		√	√	√		
9	√		√		√		
10		√					不参与区域活动
统计	6	3	5	5	9	1	
参与人数百分比	60%	30%	50%	50%	90%	10%	

改编自《儿童行为观察与案例》，李晓巍主编，华东师范大学出版社，2017: 133.

【步骤2】图表呈现

1. 思考图表呈现的方式：□柱状图　□折线图　□饼图　□其他

2. 用所选择的图表方式呈现任务3中的数据，将图表画入下列方框中。

要点示范

1. 柱状图示例

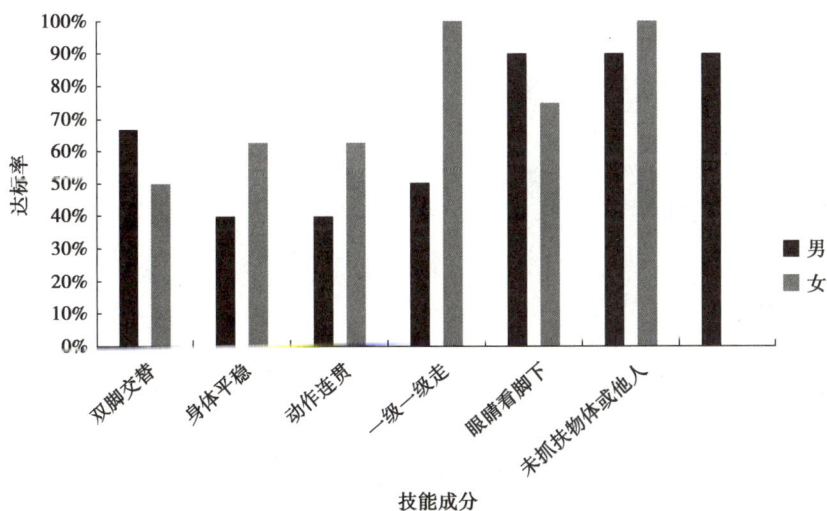

图7-1　某小班男孩与女孩双脚交替上下楼梯各行为技能项目比较

2. 折线图示例

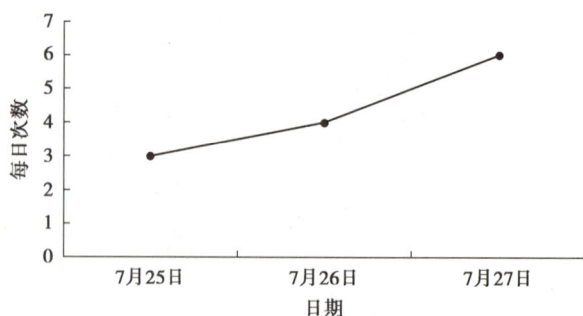

图 7-2　一名孤独症儿童连续三天攻击他人行为每日次数

3. 饼图示例

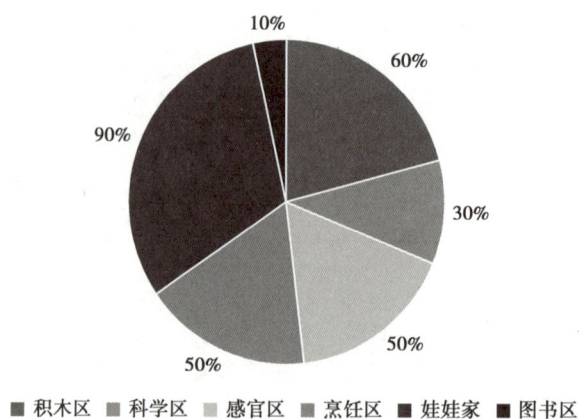

图 7-3　一周中选择不同活动区域的儿童百分比

活动 2　多维度解读量表检核观察结果

1. 确定儿童行为的模式

依据表 7-16 的内容，总结儿童游戏行为可能的模式。

_____

_____

2. 参考儿童游戏发展特点、发展目标、理论等解读游戏行为。

_____

_____

要点示范

表 7-30　斯米兰斯基社会性主题角色游戏量表记录结果

儿童编号	角色扮演	想象的转换			社会互动	语言沟通		持续性
		材料	动作	情景		无交际	假装的角色沟通	
贝贝（小班）	√	√	√	√				√
备注	2023 年 4 月 11 日，贝贝在区角活动中选择了玩玩具。她环顾四周后，决定使用厨具进行游戏。她先将菜板放置在操作台上，然后拿起玩具小刀模仿切蔬菜的动作，依次将切好的茄子、番茄、土豆玩具放入盘子中。接着，她将锅置于灶台上，把切好的蔬菜玩具倒入锅中，并拿起锅铲假装翻炒，还轻轻地掂了几下锅。在炒菜的过程中，她还拿起旁边的胡萝卜假装撒调料。其他小朋友看到这一幕后跑过来表示："好饿呀！"贝贝全程没有和其他小朋友交流，但她切菜、炒菜的动作显得非常娴熟，之后又开始忙着下一轮烹饪。在玩了 9 分钟 48 秒后，贝贝扭头注意到了旁边的洋娃娃，于是她离开了灶台，走到旁边拿起洋娃娃和奶瓶，开始模仿给洋娃娃喂奶的动作。							

分析与解读：

1. 儿童游戏行为目前水平：平行游戏的阶段（全程没有和其他小朋友交流）。

2. 儿童已经具备的游戏技能：

角色意识很强，表现出很多典型的动作，例如切菜、炒菜、掂锅、撒调料、喂洋娃娃喝奶等等，动作娴熟。

想象的转化中，贝贝出现了以物代物的能力，能够用胡萝卜代表调料瓶。

持续时间比较久，游戏行为非常稳定。

3. 儿童正在发展中的游戏技能：需要结合其他观察结果。

4. 确定儿童正在进行的发展是否恰当：

根据儿童角色游戏的发展规律，小班儿童角色扮演的水平属于单一动作的象征，象征性的动作还需要依靠更多形象相似的物体作为支柱，因此他们在以物替物的过程中要求替代物和被替代物在外形上具有一定的相似性。

在游戏互动中，多以独自游戏和平行游戏为主，但是他们也开始注意到可以利用一些角色之间的动作和语言来互动。

语言沟通方面，会随着同伴游戏的机会增多而不断发展。

在游戏持续性上，由于小班小朋友容易形成交叉模仿，因此在角色的扮演上持续性不会太长。贝贝在整个游戏过程中符合小班幼儿的特点，而且在游戏的持续性上发展较好。

【职业伦理】

《特殊教育教师专业标准（试行）》在"专业能力"中指出："运用合适的评估工具和评估方法，综合评估学生的特殊教育需要。"

※ 任务提示

在活动 2 中，我们要通过我们观察评估的结果，综合了解学生的特殊教育需求。

任务评价

任务完成后，依据表 7-31 对学习过程进行评价。

表 7-31 "解读量表检核结果"任务评价表

指标	内容	分值	自我评价	组内互评	教师评价
任务准备	观看微课	10			
	完成自学反馈	5			
任务实施	统计方式选择合理	5			
	统计结果正确	15			
	能够用图表合理展示观察结果	20			
	对观察结果解读合理	25			
协作学习	积极参与	5			
	按时完成	5			
	协商合作	5			
	反思改进	5			
合计		100			
综合评价	自我评价（30%）	组内互评（40%）	教师评价（30%）	总分	

🎯技能加油站

刘焱在《儿童游戏通论》中总结了与儿童游戏相关的理论：

1. 精力过剩论（剩余精力说）

精力过剩论的代表人物是席勒和斯宾塞。

其主要观点：游戏是由于机体内剩余的精力需要发泄而产生的。生物保护自己生存的精力除了维持正常的生活外还有剩余。过剩的精力必须寻找方法消耗它，而游戏是剩余精力加以释放的最好形式。剩余精力越多，游戏就越多。

2. 娱乐论（松弛说）

娱乐论的代表人物是拉扎鲁斯。

其主要观点：游戏不是发泄精力，而是松弛、恢复精力的一种方式。艰苦的脑力劳动使人身心疲惫，这种疲劳需要一定的休息和睡眠才能消除。然而只有当人解除紧张状态时，才可能得到充分的休息和睡眠。游戏和娱乐活动可使机体解除紧张状态，具有一种恢复精力、增进健康的机能，所以人需要游戏。

3. 复演论（种族复演说）

复演论的代表人物是霍尔。

其主要观点：游戏是远古时代人类祖先的生活特征在儿童身上的复演。他认为人类的文化经验是可以遗传的，游戏中的所有态度和动作都是遗传下来的。儿童就是要在游戏中根除"史前状态的动物残余"，让个体摆脱原始的、不必要的本能动作，为当代复杂的活动做准备。

4. 预演说（生活预备说）

格罗斯从"本能论"的观点出发，提出了儿童游戏是对未来生活的一种无意准备，是为成熟作预备性练习的预演说或生活预备说。新生儿或是动物在遗传上承续了一些不够完善的部分本能，这些本能与生存有关，游戏为儿童提供了一种安全的方法帮助他们去练习，使本能更完善。这种游戏行为主要表现在高等动物的幼年期，它们迅速发育的机体又需要足够的运动量，因此便表现为"无目的"的好奇好动。这种好奇好动随年龄的增长，它对未来需要有事先训练的意义。

5. 工作说

我国教育家陈鹤琴、陶行知在介绍和引进西方游戏理论的基础上提出，游戏就是儿童的工作。该观点认为，儿童之所以游戏，与两方面的因素有关。一方面，与儿童游戏的力量和能力的发展有关；另一方面，与儿童好动的天性和游戏能够给孩子以快感有关，游戏给孩子的快感包括生理的、心理的和社交上的。

参考文献：刘焱.儿童游戏通论［M］.福州：福建人民出版社，2015：90.

任务 5　支持特殊儿童游戏行为

任务目标

1. 能用构建支持环境、教导恰当行为、给予正确回应等方法提升特殊儿童的游戏行为。

2. 能从追随儿童的兴趣、尊重儿童的游戏水平、考虑儿童的困难角度为特殊儿童创建游戏行为支持环境。

3. 能够利用行为塑造、社交故事、同伴介入等方法教导特殊儿童恰当的游戏行为。

4. 依据儿童不同的游戏行为给予恰当的回应。

任务描述

活动 1　创建游戏行为支持环境。

活动 2　教导恰当的游戏行为。

活动 3　恰当地回应儿童游戏行为。

任务准备

【知识储备】

扫码学习提供适宜支持的基础知识，并完成自学反馈。

微课	[QR Code]	量表检核——提供适宜支持	PPT	[QR Code]	量表检核——提供适宜支持

任务实施

活动 1 创建游戏行为支持环境

【步骤 1】追随儿童的兴趣

从儿童的兴趣出发，将观察到的儿童喜欢的游戏材料、活动填入表 7-32 中。

表 7-32 儿童游戏兴趣观察表

观察者：_____	观察对象：_____	观察时间：_____
儿童常常参与的游戏区域		
儿童常常玩的游戏		
儿童喜欢的游戏材料		

【步骤 2】尊重儿童的游戏水平

在构建游戏支持环境时，我们需要考虑儿童的游戏发展水平，确定儿童的最近发展区。请根据步骤 1 观察的小朋友，分析其游戏发展水平，确定其最近发展区。

1. 游戏水平：

_____

_____

2. 最近发展区：

_____

_____

要点示范

针对表 7-32 的观察结果确定儿童的游戏水平

1. 游戏发展水平：在社会性游戏发展水平上，儿童处于一个平行游戏的阶段，在角色游戏过程中其他小朋友想和贝贝互动，但是贝贝没有理会。在角色扮演上，儿童动作模仿是非常厉害的，但缺乏跟别人的交互和角色语言。

2.最近发展区：根据儿童现有的游戏水平，接下来可以发展联合游戏的能力，加强儿童与其他人的互动和语言交流，例如老师假装扮成顾客说"老板我想点菜"，协助儿童回应别人的互动。

【步骤3】考虑儿童的困难

通过观察可以进一步分析儿童游戏能力不足是否有其他一些生理与心理原因，例如是否存在情绪障碍、认知障碍、感知觉障碍等。请根据步骤1观察的小朋友，试着分析儿童是否存在一些困难：

_____

_____

活动2　教导恰当的游戏行为

【步骤1】确定要教导的游戏行为

根据活动1中的最近发展区的分析，选择一个具体的游戏行为作为教导目标，并将目标填入表7-33中。

【步骤2】确定教导策略

根据所要教导的游戏行为，选择恰当的教导策略并设计教学过程，填入表7-33中。

表7-33　游戏行为教导计划表

游戏行为教导	
目标行为	
达标标准	
教导策略	
教学过程	

要点示范

表 7–34　游戏行为教导计划表示范

	游戏行为教导	
目标行为	提高贝贝的角色语言能力	
达标标准	贝贝能够在 10 分钟的游戏中与其他小朋友进行 5 次与游戏有关的语言交流。	
教导策略	同伴介入、给予正确的回应	
教学过程	选择两名角色语言发展较好的儿童作为游戏搭档，当贝贝在进行角色扮演时，例如贝贝在炒菜、掂锅、撒调料，经过培训的儿童主动加入游戏当中，一名儿童询问贝贝："老板，我想要一个……菜（菜名）""老板你炒的是什么菜""老板你这个菜多少钱"，然后另外一名儿童通过示范等辅助方式引导贝贝进行角色语言的回应。当贝贝回应其他小朋友后，老师及时表扬了两名同伴和贝贝。	

活动 3　恰当地回应儿童游戏行为

【步骤 1】回应不恰当的游戏行为

儿童不恰当的游戏行为表现：

□破坏玩具或游戏材料　□争抢玩具或游戏材料　□破坏游戏规则
□其他

_____

_____

回应策略：

_____

_____

【步骤 2】回应恰当的游戏行为

儿童游戏行为表现：

_____

_____

回应策略：

_____

_____

👥要点示范

【步骤 3】回应不恰当的游戏行为

儿童不恰当的游戏行为表现：

☐破坏玩具或游戏材料　☐争抢玩具或游戏材料　☐破坏游戏规则

☑其他 贝贝在角色扮演过程中缺乏与其他小朋友的社会互动，没有表现出角色语言，例如其他儿童向贝贝说："老板，我想要一个炒土豆丝"，贝贝没有理会其他儿童。

回应策略：

教师可以采取重定向的方法，通过坚定而温柔的声音确切地陈述希望的行为，例如："别人向你点菜了，我们要说：'客人你稍等，马上给你做'"，然后老师可以通过示范提示的方式，引导贝贝通过模仿表现出角色语言行为。

【步骤 4】回应恰当的游戏行为

儿童游戏行为表现：

贝贝能够在其他儿童与其进行社会互动时，能够给予适当的回应。例如，其他儿童说："老板，我想要一个炒土豆丝。"贝贝回应："请稍等。"

回应策略：

当儿童做出目标行为后，老师立即给予表扬。比如竖大拇指或口头表扬"你很有礼貌地回复了客人"。

【职业伦理】

《特殊教育教师专业标准（试行）》在"教育教学的态度与行为"中指出"尊重特殊教育规律和学生身心发展"。

※ 任务提示

作为教师，面对儿童在日常生活中出现的一些不恰当游戏行为时，应该在尊重学生身心发展规律的基础上，选择恰当的支持方法，引导儿童表现出恰当的游戏行为。

任务评价

任务完成后，依据表 7-35 对学习过程进行评价。

表 7-35 "支持特殊儿童游戏行为"任务评价表

指标	内容	分值	自我评价	组内互评	教师评价
任务准备	观看微课	10			
	完成自学反馈	5			
任务实施	包含构建环境、教导行为和后效回应三个方面	20			
	支持策略符合目标行为	10			
	策略程序科学无误	25			
	模拟教学视频清晰、教学过程完整	10			
协作学习	积极参与	5			
	按时完成	5			
	协商合作	5			
协作学习	反思改进	5			
合计		100			
综合评价	自我评价（30%）	组内互评（40%）	教师评价（30%）	总分	

技能加油站

基于交互式教导技术的社交游戏训练

基于交互式教导技术的社交游戏训练，强调在教导过程中，要跟随儿童的引导，在确保儿童动机的基础上教学。跟随儿童的引导是这个程序中其他大部分技术的基础。在这项技术中，可以让儿童选择玩具或活动。基于交互式教导技术的社交游戏训练包括以下几个关键的步骤：

1. 跟随儿童的引导

跟随儿童的引导是确保儿童动机非常重要的一个步骤，我们可以与儿童面对面坐着，把你自己置于儿童的视线之内，这样他就能够轻易地与你进行目光接触并看到你正在做的事情。然后观察儿童从事的活动、游戏，让儿童选择活动。成人不要在游戏过程中提问或发出指令。跟随儿童引导时要控制游戏情景，如果儿童出现问题行为，要及时地调整。

2. 模仿儿童

通过模仿儿童的游戏行为吸引儿童，与儿童建立融洽的联系。让儿童选择活动后，可以通过模仿儿童玩玩具、模仿身体动作和手势、模仿儿童发出的声音等吸引儿童的注意力。但是注意不要模仿问题行为，这样会强化问题行为。

3. 做出旁白

成人可以对儿童或自己正在做的事情进行评论、进行语言描述，对活动表现得很兴奋，利用音量、声音节奏、表情等的变化吸引儿童的注意。但是不要向儿童提问或发出指令，这些做法会偏离对儿童的引导。这里的目标是增强儿童的自发沟通及其对你的关注。

4. 示范希望儿童模仿的一项技能

当儿童注意力在你身上时，立即示范一个你希望他习得的新技能。

5. 辅助

如果示范三次后儿童仍然无法模仿，你要进行肢体辅助。

6. 强化

当儿童在你的辅助下或者独立做出你示范的新技能，我们需要设计一个有趣的结果来强化儿童的行为。

项目八　观互动促友谊之花——聚焦样本

"自己玩"的小美

特殊儿童档案

姓名：小美　性别：女　年龄：6 岁

障碍类型：高功能孤独症

性格特点：安静、常独处、少互动。

情境一：区域游戏，小朋友分散在各个活动区里忙得不亦乐乎，老师发现小美又一个人在玩拼图。自从入园以来，小美一直都是只玩一些通常一个人就可以玩的游戏，比如搭积木、插雪花片等。她从来没有尝试过参加一些需要与其他小朋友一起互动的活动。有时，老师看到她一个人在玩，就会走到她旁边和她聊几句，她也可以回应。

"少言寡语"的小风

特殊儿童档案

姓名：小风　性别：男　年龄：3 岁 4 个月

障碍类型：语言发育迟缓

性格特点：动作灵活；少语言、急躁。

情境二：小风是一名三岁的小男生，至今还不会用很清晰的词语表达自己的需求。在幼儿园无论是被其他小朋友抢了玩具还是不小心被碰到了，他都只会大哭和跺脚。

由于小凤没法完整表述，老师要查明原因非常费力。

融合教师有话说

学会与他人交流是幼儿阶段要学习的一项非常重要的技能。一个回避与他人互动或因为语言发展障碍无法与他人互动的幼儿，正在慢慢错失社交技能学习的机会。

学习目标

素质目标

1. 通过连续观察与记录，培养持之以恒的职业精神。

2. 通过收集及分析儿童语言样本，树立基于儿童立场的观察理念。

3. 通过提供社交互动支持，树立生活教育的理念。

能力目标

1. 能依据实际需求选择并编制恰当的取样观察表。

2. 能制订时间取样或事件取样观察计划。

3. 能客观、完整地实施取样观察记录。

4. 能在对取样结果整理的基础上进行科学解读。

5. 能制订促进语言或社交行为发展的正向行为支持计划。

学习目标

1. 掌握儿童愿意讲话并能清楚表达的典型行为表现。

2. 掌握儿童社交沟通的典型行为表现。

3. 了解时间取样法和事件取样法的含义、分类、适用范围和优缺点。

学习地图

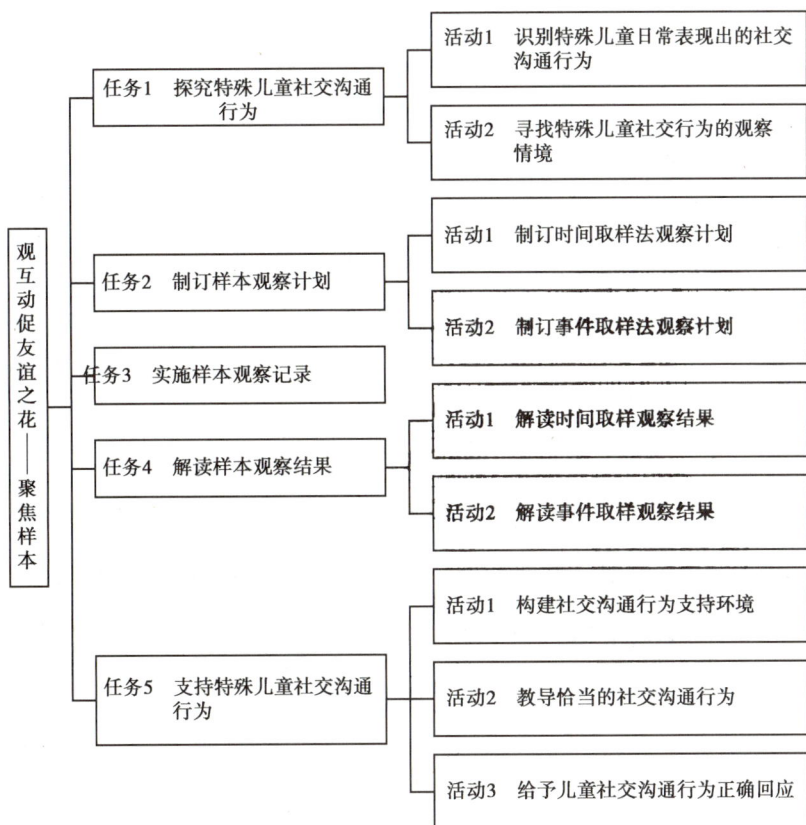

感悟内涵

【铸师魂】持之以恒

国学语录

凡应天下之事，一切行之以诚，持之以久。

——宋·楼钥《攻愧集·雷两应诏封事》

释义：有恒心地坚持下去。

儿童行为的发生具有不可预测性和动态变化性，一二次的观察很难了解儿童行为发展的全过程。为了获得理想的观察结果，幼儿教师应有持之以恒的精神，学会静下心来，耐心地捕捉儿童的行为。

【省思感悟】

儿童行为多变、不可预测等特点需要我们进行行为观察时注意哪些事项？

_____

_____

【润童心】互助友爱

国学礼仪

兄则友，弟则恭。长幼序，友与朋。

——《三字经》

释义："同伴关系"指同龄人或心理发展水平相近的个体在交往过程中发展起来的一种人际关系，是孩子成长道路上不可缺少的一部分。《3—6岁儿童学习与发展指南》中明确指出：儿童社会领域的学习与发展过程是其社会性不断完善并奠定健全人格基础的过程。

童年很短，友谊很长。

项目建组

请 4 ~ 6 人自由组队，分工协作完成本项目的学习、记录和评价。具体要求如下：

1. 每组内需要有一名组长，组员每人均承担一定任务。

2. 确定组名。

3. 记录建组过程中遇到的困难和解决措施。

4. 填写下列分组情况表格

表 8–1　项目八建组情况

组名		组长姓名		组长学号	
组员姓名	组员学号	承担任务			准备

组员姓名	组员学号	承担任务			准备
遇到的困难					
解决措施					

任务1　探究特殊儿童社交沟通行为

⬢ 任务目标

1. 理解人际交往对特殊儿童融合的重要意义。

2. 熟悉儿童日常社交沟通行为的表现。

3. 了解特殊儿童社交沟通行为的观察情境及观察要点。

4. 能捕捉到特殊儿童日常表现出的社交沟通行为。

5. 能理解特殊儿童社交需求和社交沟通行为的矛盾。

⬢ 任务描述

活动 1　识别特殊儿童日常表现出的社交沟通行为。

活动 2　寻找特殊儿童社交行为的观察情境。

⬢ 任务准备

【知识储备】

1. 阅读《指南》中【语言领域】—【倾听与表达】的相关内容。

目标 1　愿意讲话并能清楚地表达

3～4 岁	4～5 岁	5～6 岁
1. 愿意在熟悉的人面前说话，能大方地与人打招呼	1. 愿意与他人交谈，喜欢谈论自己感兴趣的话题	1. 愿意与他人讨论问题，敢在众人面前说话
2. 基本会说本民族或本地区的语言	2. 会说本民族或本地区的语言，基本会说普通话。少数民族聚居地区儿童会用普通话进行日常会话	2. 会说本民族或本地区的语言和普通话，发音正确清晰。少数民族聚居地区儿童基本会说普通话
3. 愿意表达自己的需要和想法，必要时能配以手势动作	3. 能基本完整地讲述自己的所见所闻和经历的事情	3. 能有序、连贯、清楚地讲述一件事情

3 ~ 4 岁	4 ~ 5 岁	5 ~ 6 岁
4.能口齿清楚地说儿歌、童谣或复述简短的故事	4.讲述比较连贯	4.讲述时能使用常见的形容词、同义词等,语言比较生动

2.阅读《指南》中【社会领域】——【人际交往】的相关内容。

目标 2　愿意与人交往

3 ~ 4 岁	4 ~ 5 岁	5 ~ 6 岁
1.愿意和小朋友一起游戏	1.喜欢和小朋友一起游戏,有经常一起玩的小伙伴	1.有自己的好朋友,也喜欢结交新朋友
2.愿意与熟悉的长辈一起活动	2.喜欢和长辈交谈,有事愿意告诉长辈	2.有问题愿意向别人请教
		3.有高兴的或有趣的事愿意与大家分享

3.扫码学习儿童人际交往行为的基础知识。

微课	典型行为表现:愿意与人交往	PPT	典型行为表现:愿意与人交往

4.扫码学习儿童语言表达行为的基础知识。

微课	典型行为表现:愿意讲话并能清楚地表达	PPT	典型行为表现:愿意讲话并能清楚地表达

⭐任务实施

活动 1：识别特殊儿童日常表现出的社交沟通行为。

【步骤 1】确定观察对象

在你所实习或任教的班级内选择一名孤独症儿童,将其基本信息填写在表 8-2 中。

【步骤 2】识别社交沟通行为

回顾《指南》中【社会领域】—【人际交往】相关内容的技能描述，观察选定儿童的日常活动表现出了哪些沟通行为？将其沟通行为相关信息填写在表 8-2 中。

表 8-2 "识别社交沟通行为"任务单

儿童基本信息				
化名或编号		年龄	岁 月	
性别	□男 □女	就读班级	□小班 □中班 □大班	
观察时间				
是否特殊儿童	□是 □否 若回答是，请填写下列内容 障碍类型：□智力障碍 □多动及注意力缺陷 □孤独症谱系障碍 □学习障碍			
社交沟通行为表现				
观察情境	社交行为	具体表现	是否恰当	备注
			□是 □否	
			□是 □否	
			□是 □否	
			□是 □否	
			□是 □否	

表 8-3 "识别社交沟通行为"示范

社交沟通行为表现				
观察情境	社交行为	具体表现	是否恰当	备注
课间活动	表达需求	孩子想要同伴手里的玩具车，立即伸手去抢夺，争抢失败后将同伴推倒。	□是 ☑否	需教导孩子用手指或者口语表达需求

【职业伦理】

《特殊教育专业师范生教师职业能力标准（试行）》在"师德践行能力"中指出"积极创造条件培育发展学生的核心素养"，"理解教师是……学生健康成长、适应社会、融入社会的引路人……"社会性是儿童适应社会、融入社会所必须具备的特性。

※ 任务提示

根据表 8-2 观察孤独症儿童社交沟通行为时，要捕捉有利于孤独症儿童融入社会的核心行为。

活动 2 寻找特殊儿童社交行为的观察情境

针对上述儿童社交问题，结合幼儿园一日生活流程，寻找可能的观察情境，并阐述观察要点。

请回顾【知识储备】中的"儿童社交行为基础知识"，针对活动 1 中孤独症谱系儿童的行为表现，在幼儿园一日生活中选择合适的观察情境并阐述观察要点。

表 8-4 基于"幼儿园一日生活"的观察情境任务单

活动名称	活动时间	活动内容	是否为观察情境	观察要点
			□是 □否	
			□是 □否	
			□是 □否	
			□是 □否	
			□是 □否	
			□是 □否	
			□是 □否	
			□是 □否	
			□是 □否	

【职业伦理】

《特殊教育专业师范生教师职业能力标准（试行）》在"实施课程育人"中指出"能组织学生开展丰富多彩的课外活动"，"学会组织主题教育和社团活动……"

※ 任务提示

根据表 8-4 寻找社交行为观察情境时，除常规的活动外，其他的集体活动、主题活动都可以纳入。

任务评价

任务完成后，依据表 8-5 对学习过程进行评价。

表 8-5 "探究特殊儿童社交行为"任务评价表

指标		内容	分值	自我评价	组内互评	教师评价
任务准备		阅读《指南》相关内容	5			
		观看微课	10			
		完成自学反馈	5			
任务实施	活动1	观察基本信息填写完整	5			
		未泄露隐私	5			
		儿童社交行为表现描述准确	10			
	活动2	观察情境能真正观察到儿童目标社交行为	20			
		观察要点符合社交行为特点	20			
协作学习		积极参与	5			
		按时完成	5			
		协商合作	5			
		反思改进	5			
合计			100			
综合评价	自我评价（30%）	组内互评（40%）	教师评价（30%）		总分	

技能加油站

根据陈鹤琴的《儿童心理学》、吴天敏的《儿童语言发展》等儿童心理学和语言学的研究成果，0～6岁儿童言语发展可以分为以下几个阶段：

0～3个月：新生儿阶段，婴儿主要通过哭声来与外界沟通，同时开始对声音产生兴趣。

4～8个月：婴儿开始学习发音，能够发出一些元音和辅音，同时开始理解一些简单的词语。

9～12个月：婴儿开始学习说话，能够说出一些简单的词语，如"妈妈""爸爸"等。

1～2岁：幼儿的词汇量迅速增长，能够掌握大量的名词、动词和形容词，同时开始学习使用简单的句子结构。

2～3岁：幼儿的言语能力进一步发展，能够使用更加复杂的句子结构，同时开始学习语法规则。

3～6岁：儿童的言语能力继续发展，词汇量不断扩大，能够掌握各种词性，同时开始学习运用各种语法规则和语言表达方式。

任务 2　制订样本观察计划

任务目标

1. 了解时间取样和事件取样的含义、分类、特征和优缺点。

2. 掌握时间 / 事件取样法观察情境的特点。

3. 能依据观察需求编制时间 / 事件取样观察记录单。

4. 能制订时间 / 事件取样的观察计划。

任务描述

针对任务 1 中孤独症儿童，围绕其社交沟通行为，编制观察记录单并制订取样观察计划。

任务准备

【知识储备】

1. 扫码学习事件取样和时间取样的基础知识。

微课	事件取样	PPT	事件取样
微课	时间取样	PPT	时间取样

2. 扫码学习制订观察计划的基础知识。

微课	制订观察计划——事件取样法	PPT	制订观察计划——事件取样法

任务实施

【步骤 1】确定观察目的

聚焦任务 1 中了解到的儿童人际交往行为概况，确定观察的目的，将儿童基本信息及观察目的填写在表 8-10 中。

【步骤 2】明确观察目标

梳理表 8-2 中的观察要点，结合《指南》《0~6 岁儿童发展里程碑》中社交行为的相关描述以及儿童社交行为发展的理论，提炼不超过 3 个观察目标，填写在表 8-10 中。

要点示范

1. 目标行为

分享：能在 2/3 的活动时间里，允许同伴使用或享受自己正在使用的、自己周围的以及大家都喜欢的东西、材料或玩具，以达到与同伴友好相处。

表 8-6 "儿童分享行为"组成

成分	组成
情境	一日活动中, 2/3 是一个合理的目标, 因为不能期望学前儿童在所有的时间内都能分享。
形式	允许同伴使用或享受自己正在使用的、自己周围的以及大家都喜欢的东西、材料或玩具。
功能	与同伴友好相处。

2. 目标行为的定义来源

《0 ~ 6 岁儿童发展里程碑》

5 ~ 6 岁：能与小朋友分享玩具、轮流玩、一起玩。

《3 ~ 6 岁儿童学习与发展指南》

3 ~ 4 岁：在成人指导下，不争抢、不独霸玩具。

4 ~ 5 岁：对大家都喜欢的东西能轮流分享。

【步骤 3】选定观察情境

梳理表 8-2 中的观察情境，选择 1~3 个最可能观察到目标行为的情境，在表 8-10 中具体描写。

要点示范

观察情境：建构游戏区，各种不同的积木、拼插玩具，儿童和其他小朋友各自搭建不同的造型。

【步骤 4】编制取样记录单

1. 确定取样方式

依据观察目的确定是采用时间取样还是采用事件取样进行观察。

□时间取样　　□事件取样

要点示范

时间取样法的观察目的是检验特定的时间内某种特定的行为是否发生，适用于频繁发生的行为，无法捕捉行为发生的情境和详细信息。

事件取样法的观察目的是记录特定行为或事件的发生脉络，不关注行为何时发生。

2. 编制观察记录单

依据目标行为的类型、观察对象、观察情境的不同等因素，参考"要点示范"部分的记录单模板，选择恰当的取样方式、观察时间和时距等，自主编制观察记录单。

请将自主编制的观察记录单绘制在下列区域。

要点示范

1. 时间取样类型

全时距取样：适用于持续发生的行为，比如合作游戏行为、专注行为。在每个时距结束时记录目标行为是否在整个时距内都发生。观察者需要持续地注意儿童行为。

部分时距取样：适用于同时观察多种行为，比如在讲故事时同时观察儿童离开座位、自言自语、躺在地上的行为。不关注时距内行为发生的次数或持续时间，只关注时距内行为是否发生。在每个时距结束时记录在时距任何时刻目标行为是否发生。观察者需要持续地注意儿童行为。

瞬间时距取样：适用于高频率或持续时间较长的行为。记录在每个时距结束的当下目标行为是否发生。观察者不需要持续地注意儿童行为。

2. 观察时距

观察时距设定过长容易在同一时距内发生多类别的行为，时距过短会使观察结果过度膨胀，因此在设定时距时需要结合目标行为的类型、频率及持续的平均时间等因素来决定。比如，大班小朋友在课堂中的平均安坐持续时间为 3 ~ 5 分钟，那么观察时距为 3 分钟是合理的。通常一个类型的游戏行为（无所事事、旁观、独自游戏等）持续 20 秒至 5 分钟不等，并且发生频率较高，因此时距可以设定为数十秒至两分钟左右。

表 8-7　目标行为、取样类型、观察时间和时距范例

目标行为	坐在地板上听老师讲故事		
取样类型	全时距取样	依据	持续发生的行为
观察时间	20 分钟	依据	一次完整讲故事活动的时间
观察时距	3 分钟	依据	同龄儿童安坐平均持续时间

表 8-8　在游戏活动中的时间取样观察记录表

儿童姓名：_____　性别：____　年龄：____　观察日期：____年____月____日
开始时间：9：00　结束时间：9：10　观察时距：30 秒
地点：积木区　观察者：
取样类型：□部分时距取样　√瞬间时间取样　□全时距取样
观察目标：依依在游戏中的社会参与性

续表

观察时间	无所事事	旁观	独自游戏	平行游戏	联合游戏	合作游戏
00:00～00:30						
00:31～00:60						
……						
09:31～10:00						
合计						
标识	√代表在该时距行为有发生，X代表在该时距行为未发生。					

案例来源：贵州师范学院自闭症儿童早期干预中心

表 8-9　在集体教学中时间取样观察的记录表

儿童姓名：＿＿＿＿＿＿　性别：＿＿＿　年龄：＿＿＿　观察日期：＿＿＿年＿＿＿月＿＿＿日
观察时间：9:30-10:00　观察时距：1分钟
观察地点：教室　观察情境：集体教学　数学课
取样类型：√部分时距取样　瞬间时距取样　全时距取样
观察者：

行为表现	9:30—9:31	9:31—9:32	9:32—9:33	9:33—9:34	……	9:59—10:00
举手						
发言						
离开座位						
私语						
干扰他人						
姿势不端						
发出声音						
发呆						
其他						
标识	√代表在该时距行为有发生，X代表在该时距行为未发生。					

案例来源：贵州师范学院自闭症儿童早期干预中心

表 8-10 多名儿童安坐行为的时间取样观察记录表

观察对象：王 xx（男，5 岁半） 黄 xx（女，5 岁） 林 xx（男，5 岁 8 个月）

观察日期：＿＿＿年＿＿＿月＿＿＿日

观察时间：10:00—10:30 观察时距：3 分钟

观察地点：大三班教室 观察情景：数字认知课

观察者：

取样类型：□部分时距取样 □瞬间时距取样 √全时距取样

观察目标：观察儿童在课堂上遵守常规，保持安坐的情况。

序号 时距	姓名	王	黄	林	备注
1	10:00—10:03				
2	10:03—10:06				
3	10:06—10:09				
……					
10	10:27—10:30				

时距记录：√代表在该时距行为有发生，X 代表在该时距行为未发生。

备注：A 表示未经许可离开座位，B 表示经许可离座后未按时返回，C 表示其他。

案例来源：贵州师范学院自闭症儿童早期干预中心

3. 事件取样编码

在事件取样中要详细记录目标行为的来龙去脉，所以记录单中要体现出行为发生前后的详细情况，如表 8-11 所示。

表 8-11 一天内在教室里反社会行为记录单

观察日期	＿＿＿年＿＿＿月＿＿＿日		观察时间		全天
观察对象			年龄		岁 月
观察地点	小班教室		观察者		
观察目的	详细了解儿童全天在教室中反社会行为的详细经过。				
观察目标	反社会行为：儿童破坏物品或者与同伴发生肢体、语言冲突。				
时间	事件	之前发生的事	在场的人	之后发生的事	备注

案例来源：黄世钰.儿童行为观察与记录：第一版 [M]. 上海：华东师范大学出版社，2019:116.

在事件取样中，为了记录方便，可以对目标行为进行分解和编码。编码分类时除了要注意避免分类过细过杂，还要确保事件类别间要彼此独立，不会产生混淆。表8-12展示的是使用符号编码系统的事件取样观察记录，观察目标是某儿童在校时向老师告状的行为，观察者将儿童常见的告状原因和告状的时间进行了编码。

表 8-12　结合符号系统的事件取样记录表

被观察者		年龄		观察者	
观察日期		观察时间		观察方法	
观察目的		观察目标		观察情境	

符号代码说明：
告状原因：
A= 肢体冲突　　B= 物品争夺　　C= 欺侮他人……
告状发生的时间：
a= 早间活动　　b= 自由活动　　c= 小组活动　　d= 团体活动　　e= 角落活动

日期	第一次告状原因 / 发生时间	第二次告状原因 / 发生时间	第三次告状原因 / 发生时间	告状原因小计	告状时间小计
				共　　　次	共　　　次

案例来源：黄世钰. 儿童行为观察与记录：第一版 [M]. 上海：华东师范大学出版社, 2019:108.

4. 事件取样编码与叙事描述相结合

当我们选择使用编码记录行为时，难免会损失行为发生的过程和细节信息。叙事描述和符号系统相结合的观察记录表可以有效解决这个问题。符号系统弥补了叙事记录过于耗时的缺点，而叙事描述也补充了符号系统所遗漏的事件过程信息。表8-13展示了叙事描述和符号系统相结合的观察记录表，使用该表进行观察记录时，需要观察者事先熟悉相应的编码和符号系统，才能又快又准确地进行记录。

表 8-13　叙事描述和符号系统相结合的事件记录表

| 儿童姓名：_____　　性 别：____　　观察者：_____ |
| 年 龄：____　观察日期：_____ |
| 开始时间：_____　　结束时间：_____ |
| 观察目标：_____ |
| 背景：_____ |

儿童同伴互动行为类别和定义：
1. 寻求帮助：在集体活动时，向同伴借用物品，或向同伴发出求助信号。
2. 提出建议：在集体活动时，向同伴提出自己的建议和想法，给予同伴帮助。
3. 表达情感：在集体活动时，通过语言、动作、表情来表达对同伴的鼓励、赞美。
4. 其他：不能归属于上述三种同伴互动类别的同伴互动行为。
同伴互动行为引发的结果：
1. 接受及回应　　2. 忽视　　3. 拒绝　　4. 协商

姓名	年龄	性别	互动时间	发生背景	互动原因	说什么/做什么	结果	影响

标识：
同伴互动类别：
BZ= 寻求帮助　　JY= 提出建议
同伴互动行为结果：
JS= 接受及回应　　HS= 忽视
GQ= 表达情感　　QT= 其他
JJ= 拒绝　　XS= 协商

案例来源：黄世钰.儿童行为观察与记录：第一版 [M].上海：华东师范大学出版社，2019..

【步骤 5】准备观察工具

在表 8-14 中填写要准备的观察工具。

表 8-14　"时间取样"观察计划

观察对象		班级		出生日期	年　月　日
观察者	□带班老师　□生活老师　□教学督导　□其他				
观察目的					
目标行为					
观察领域	□健康 □身心状况 □动作发展 □生活习惯与生活能力	□语言 □倾听与表达 □阅读与书写准备	□社会 □人际交往 □社会适应	□科学 □科学探索 □数学认知	□艺术 □感受与欣赏 □表现与创造

续表

取样类型	□部分时距取样　　□瞬间时距取样　　□全时距取样　　□其他＿＿＿＿
观察环境	
观察时段	□上午＿＿＿＿　　□中午＿＿＿＿　　□下午＿＿＿＿　　□放学＿＿＿＿ □其他＿＿＿＿
观察时长	
观察时距	□分钟　　□＿＿＿＿秒
观察轮次	＿０＿次／天　＿＿＿次／周
观察工具	
其他事项	

👤 要点示范

表 8-15　"时间取样"观察计划范例

观察对象	小 A	班级	小班	出生日期	2023 年 3 月 21 日
观察者	\begin{tabular}{l}√带班老师　□生活老师　□教学督导　□其他\end{tabular}				
观察目的	观察小 A 区域游戏参与情况。				
目标行为	小 A 在游戏活动时具体的游戏行为表现,包括: 无所事事、旁观他人游戏、独立游戏、平行游戏、联合游戏、合作游戏六种游戏参与形式。				
观察领域	□健康 □身心状况 □动作发展 □生活习惯与生活能力	□语言 □倾听与表达 □阅读与书写准备	√社会 √人际交往 □社会适应	□科学 □科学探索 □数学认知	□艺术 □感受与欣赏 □表现与创造
取样类型	□部分时距取样　　√瞬间时距取样　　□全时距取样　　□其他＿＿＿＿				
观察环境	幼儿园游戏区: 娃娃屋				
观察时段	√上午 10:00—1:30　□中午＿＿＿＿　　□下午＿＿＿＿　　□放学＿＿＿＿ □其他＿＿＿＿				
观察时长	30 分钟				
观察时距	√1 分钟　　□＿＿＿＿秒				
观察轮次	＿２＿次／天　＿１＿次／周				

续表

观察工具	观察记录单、录像设备（手机）、笔、计时工具：计时器（振动）
其他事项	

表 8-16 "事件取样"观察计划表

观察对象		班级		出生日期	年 月 日
观察者	□带班老师　□生活老师　□教学督导　□其他				
观察目的					
观察领域	□健康 □身心状况 □动作发展 □生活习惯与生活能力	□语言 □倾听与表达 □阅读与书写准备	□社会 □人际交往 □社会适应	□科学 □科学探索 □数学认知	□艺术 □感受与欣赏 □表现与创造
目标行为					
观察方法	□轶事记录　□检核表　□等级量表　□时间取样　□事件取样　□访谈儿童　□ 访谈家长　□永久性资料（□作品　□照片　□视频　□音频）				
观察环境					
观察时段	□早上　□上午　□中午　□下午　□放学　□其他				
观察工具	□观察记录单　□录音设备　□录像设备　□笔　□计时工具				
观察结果	□文字　□图表				
观察次数	___次/天　___次/周				
其他事项					

👤要点示范

表 8-17 "事件取样"观察计划表范例

观察对象	小E	班级	大班	出生日期	2018年3月15日
观察者	□带班老师　□生活老师　√教学督导　□其他				
观察目的	儿童在集体活动中的同伴互动情况				

续表

观察领域	□健康 □身心状况 □动作发展 □生活习惯与生活能力	□语言 □倾听与表达 □阅读与书写准备	√社会 √人际交往 □社会适应	□科学 □科学探索 □数学认知	□艺术 □感受与欣赏 □表现与创造
目标行为	1. 寻求帮助：在集体活动时，向同伴借用物品，或向同伴发出求助信号。 2. 提出建议：在集体活动时，向同伴提出自己的建议和想法，给予同伴帮助。 3. 表达情感：在集体活动时，通过语言、动作、表情来表达对同伴的鼓励、赞美。 4. 其他：不能归属于上述三种同伴互动类别的同伴互动行为。				
观察方法	□轶事记录　□检核表　□等级量表　□时间取样 √事件取样　□访谈儿童 □访谈家长　□永久性资料（□作品　□照片　√视频　□音频）				
观察环境	集体活动				
观察时段	□早上　√上午　□中午　□下午　□放学　□其他				
观察工具	√观察记录单　□录音设备　√录像设备　√笔　□计时工具				
观察结果	√文字　√图表				
观察次数	1次/天 3次/周				
其他事项	在观察过程中教师不与儿童互动，特别是儿童寻求帮助时。				

【职业伦理】

《特殊教育教师专业标准（试行）》在"专业能力"中指出："选择合适的评估工具和评估方法……"。恰当的观察方法和科学可行的观察计划是精准评估儿童需求的基础。

> ※ 任务提示
>
> 采用时间取样法时，要依据目标行为的持续时间以及变化幅度合理设置时距，才能精准捕捉儿童的行为模式。如果目标行为本身持续时间不长，那么时距也要相应划分得更短。

任务评价

任务完成后，依据表8-18对学习过程进行评价。

表 8-18 "制定取样观察计划"任务评价表

指标	内容	分值	自我评价	组内互评	教师评价
任务准备	观看微课	10			
	完成自学反馈	5			
任务实施	观察目的符合实际需求	5			
	目标行为具体明确,具有可操作性	10			
	时间取样法:时距设定得当 事件取样法:事件编码合理	15			
	时间取样法:合理选择和使用观察工具 事件取样法:对事件的观察记录准确、完整	15			
	观察记录单设计合理符合观察目的	20			
协作学习	积极参与	5			
	按时完成	5			
	协商合作	5			
	反思改进	5			
合计		100			
综合评价	自我评价(30%)	组内互评(40%)	教师评价(30%)	总分	

技能加油站

行为观察过程中的数据收集系统分为连续数据收集系统和非连续数据收集系统。连续数据收集系统可以记录观察时段中发生的每一个行为,比如计次、持续时间等等。而非连续数据收集系统却不能记录观察时段中发生的所有行为,比如时间取样。一般有三种时间取样的方式:全时距记录、部分时距记录、瞬时时距取样。

连续数据收集系统精确但不易于实施,非连续数据收集系统虽然易于实施但是会产生人为误差。相比较来说,部分时距记录会高估行为,瞬时时距记录会低估行为,全时距记录更接近真实情况。虽然连续测量更准确但是会受特定临床情况的影响。行为的特征、观察者的注意力、精力都会影响连续测量的准确性。有研究发现，更长的观察时间能更准确地表现低频行为，更短的观察时间可以准确地表现高频行为。一般来说，较长的观察时间可以减少测量误差。

任务 3　实施样本观察记录

任务目标

1. 掌握取样观察记录的要点。

2. 能依据不同取样类型准确记录。

3. 能围绕取样事件进行客观翔实的记录。

任务描述

针对任务 1 中选定的儿童，按照任务 2 中的观察计划并使用编制好的取样观察记录单开展观察记录。

任务准备

【知识储备】

1. 扫码学习时间取样法实施观察记录的基础知识。

微课	时间取样法——实施观察记录	PPT	时间取样法——实施观察记录

2. 扫码学习事件取样法实施观察记录的基础知识。

微课	事件取样法——实施观察记录	PPT	事件取样法——实施观察记录

任务实施

【步骤 1】观察者训练

1. 了解观察目的并熟悉目标行为

再次阅读观察计划，确定是否了解观察目的和目标行为的操作性定义，尝试写下目标行为及其至少一个正反例。有异议的地方需要尽快提出并进行澄清和讨论，将了解情况填入下列横线处。

目标行为：

_____

_____

正例：

_____

_____

反例：

_____

_____

存在异议的地方：

_____

_____

澄清与讨论结果：

_____

_____

🚹要点示范

自伤行为：包括用手或拿工具敲击、抠、捏自己身体的任何部位，用牙齿或嘴巴吸、咬自己身体的任何部位，磨牙（上下牙齿咬合，有明显声音或牙齿和嘴唇有明显来回位移），用身体（通常是头面部或胳膊、手）撞击其他物品。

正例：右手食指和大拇指反复捏自己左手的皮肤；用手拍打墙壁；用牙咬椅背。

反例：拿手背擦嘴巴上的食物残渣；撕咬牛肉干。

1. 在观察计划表中填写完善基本信息（如观察时间、情景、时距、取样类型等）

2. 根据任务2中编制好的观察计划表准备相应观察工具（如记录单、纸笔、计时器等）

3. 实施观察练习

与你的同伴分别独立地使用同一观察表对相同的对象进行观察与记录，比较你们的记录结果，一致性在80%及以上即为达标，请将观察者一致性情况记录在表8-19中。

表8-19　观察者间数据一致性比较

观察时间	数据类型	观察者A	观察者B	一致性百分比

👥要点示范

表8-20　观察者间数据一致性比较范例

观察时间	数据类型	观察者A	观察者B	一致性百分比
12月26日9:00—9:10	旁观者行为出现频次	8	9	88%
	单独游戏出现频次	15	18	83%
	平行游戏出现频次	3	3	100%
合计	90%			

【步骤2】实施正式观察记录

将观察记录填写在任务2自主编制的记录单中。

👥要点示范

表8-21　时间取样记录观察范例

观察编号: 09　幼儿园: 十幼　儿童姓名: 昂昂　性别: 男　年龄: 4岁5个月
观察日期: 2020年12月26日　观察者: 毕彦天　班级: 小三班, 科学区
取样类型: □部分时距取样　√瞬间时距取样　□全时距取样
观察时间: 9: 00—9: 10, 共10分钟　时距: 30秒
观察目标: 昂昂在游戏中的社会参与性
标识: √代表在该时距行为有发生, X代表在该时距行为未发生。

续表

序号 时间	非社会行为			社会行为			行为描述
游戏行为	无所事事	旁观者行为	单独游戏	平行游戏	联合游戏	合作游戏	
1	00：00—00：30			√				将两块积木重叠在一起
2	00：31—00：60			√				用手电筒照亮黄色色板
3	01：01—01：30						√	用手电筒照亮蓝色色板，把光影打在同伴身上
4	01：31—02：00		√					拿同伴的材料时说"你可以给我玩一下吗？"
5	02：01—02：30			√				重新拿新的操作材料
6	02：31—03：00			√				插完所有的圆柱体"hello"
7	03：01—03：30			√				重新开始插圆柱体"是啊，我都干不了事了"
⋮				………				
20	09：31—10：00			√				拿出黄色的鱼，"黄色鱼在水里游"

案例来源：黄世钰：儿童行为观察与记录 第一版 [M]. 华东师范大学出版社 .2019

表 8-22 事件取样记录范例

观察日期	年 月 日		观察时间	全天	
观察对象			年龄	岁 月	
观察地点	小班教室		观察者		
观察目的	详细了解儿童全天在教室中反社会行为的详细经过。				
观察目标	反社会行为：儿童脾气暴躁或者与同伴发生肢体、语言冲突。				
时间	事件	之前发生的事	在场的人	之后发生的事	备注
11：20	小 B 抢了小 J 的橡皮。	小 B 在写故事。	桌子边有另外 3 个儿童，教师在旁边。	小 J 抢回了橡皮，小 B 打了小 J.。	老师来制止。

时间	事件	之前发生的事	在场的人	之后发生的事	备注
11：35	小B又抢了小J的橡皮。	小B继续写故事。	就小B和小J两人在桌边，老师在图书角。	小J大声叫老师。	老师提示小B在拿东西前要先询问对方。
13：20	小B拉扯小E的上衣。	小E从小B背后经过，碰了下小B的胳膊。	所有儿童都在老师的协助下换衣服。	小E大声叫老师。	老师将小B带到旁边。
13：50	小B大声尖叫。	体育课后，换衣服时找不到自己的上衣。	所有儿童在一起换衣服。	旁边的小朋友被吓到，后退几步，看着小B。	老师帮忙找到衣服。

改编自：凯罗·沙曼，等. 观察儿童：实践操作指南(第三版)[M]. 单敏月，译. 上海：华东师范大学出版社，2002:62.

表 8-23　符号编码系统记录示例

行为符号	1	2	3
1.任务定向 A.注意老师；B.专注于独自活动；C.没兴趣；D.注意其他儿童；E.社会性活动；F.专注于教师没有布置的任务；G.无目的地闲逛	① D	② A	③ G
2.认知 A.寻求信息；B.提供信息；C.好奇与尝试；D.无	① A, B	② A	③ D
3.活动性 A.广泛；B.一般；C.有限	① B	② B	③ B
4.人际交往行为 4.1儿童对教师：A.无；B.有	① A	② B	③ A
4.1a儿童对教师发起活动的反应 A.服从；B.忽视；C.拒绝；D.无反应		② A	
4.1b寻求帮助、支持和赞同： A.有；B.无		② B	
4.1c对教师的语言： A.自信；B.犹豫；C.抱怨；D.无		② A	
4.2儿童对其他儿童： A.有；B.无	① B	② A	③ A
4.2a类型： A.积极交流；B.尝试接近；C.被动旁观；D.模仿；E.回避	① B		
4.2b语气 A.友好；B.中立；C.敌对	① A		

续表

4.2c 控制： A.支配、控制；B.中立；C.被动	① B		
被观察儿童			
①彤彤	②轩轩		③小强

案例来源：凯罗·沙曼，等．观察儿童：实践操作指南（第三版）[M]．单敏月，译．上海：华东师范大学出版社，2002:120.

【职业伦理】

《特殊教育教师专业标准（试行）》在"专业能力"中指出"综合评估学生的特殊教育需求"。需要持续地观察，才能真正把握特殊儿童的身心发展特点。

※ 任务提示

取样记录与其他方法结合使用，互相补充，可以获得更丰富翔实的行为资料。

任务评价

任务完成后，依据表 8-24 对学习过程进行评价。

表 8-24　"实施取样观察"任务评价表

指标	内容	分值	自我评价	组内互评	教师评价
任务准备	观看微课	10			
	完成自学反馈	5			
任务实施	熟悉目标行为定义	10			
	完成同伴间的模拟练习	10			
	观察记录符号准确、清晰	10			
	记录页面工整干净	5			
	数据结果记录准确	20			
	记录工具使用得当	10			
协作学习	积极参与	5			
	按时完成	5			
	协商合作	5			

指标	内容		分值	自我评价	组内互评	教师评价
协作学习	反思改进		5			
合计			100			
综合评价	自我评价（30%）	组内评价（40%）	教师评价（30%）		总分	

技能加油站

在行为观察的过程中，观察者对观察方法的了解以及观察记录程序的准确使用，会直接影响收集到的行为数据。为此，观察者在进入观察情境之前，需要进行大量的练习，以便达到观察记录的特定标准。一个行之有效的观察者训练步骤包括下面几个部分：

步骤一，接受训练的观察者首先阅读目标行为的定义并且熟悉数据记录的表格及观察记录的步骤，并学习使用数据记录设备。

步骤二，接受训练的观察者阅读关于目标行为案例的文字描述，并练习记录行为发生次数中达到100%的正确率。

步骤三，接受训练的观察者通过视频或角色扮演目标行为片段，进行观察和记录的练习，练习的速度和复杂度就像该目标真正发生在自然情景中一样。

步骤四，有经验的观察者与接受训练的观察者在自然情景中分别独立搜集数据，至少需要在三次练习中达到90%的正确率。

任务 4　解读样本观察结果

任务目标

1. 能对时间 / 事件取样结果进行量化统计。

2. 能从多个维度对时间 / 事件取样记录结果进行解读。

任务描述

活动 1　多维度解读时间取样记录观察结果。

活动 2　多维度解读事件取样记录观察结果。

任务准备

【知识储备】

1. 扫码学习解读观察结果的基础知识。

微课	[QR code] 时间取样——解读观察结果	PPT	[QR code] 时间取样——解读观察结果
微课	[QR code] 事件取样——解读观察结果	PPT	[QR code] 事件取样法——解读观察结果

任务实施

活动 1　多维度解读时间取样记录观察结果

【步骤 1】 汇总梳理任务 3 中的取样观察结果

要点示范

1.统计行为发生时距百分比

行为发生时距百分比 = 行为发生的时距数 / 总时距数 *100%

表 8-25　对表 8-21 记录结果的统计

游戏行为 统计	非社会行为			社会行为		
	无所事事	旁观者行为	单独游戏	平行游戏	联合游戏	合作游戏
时距数	2	8	15	3	0	6
时距百分比	10%	40%	75%	15%	0%	30%

2.用文字梳理取样结果

表 8-23 取样结果整理如下：

彤彤能够在活动中关注其他儿童，当有需要时会主动寻求信息，而且同伴询问时她也会提供信息。活动性一般，和老师没有互动，但是和同伴有互动，会尝试接近同伴，语气友好，不支配和控制同伴，也不受同伴支配和控制，处于中立状态。

轩轩在活动中会注意老师，当有需要时会主动寻求信息，活动性一般。和老师有互动，很自信地与老师交谈，会参加老师发起的活动，但不能主动寻求帮助、表示支持和赞同。与其他儿童没有互动。

小强在活动中专注于老师没有布置的任务，没有表现出相应的认知。活动性一般，与老师和其他小朋友都没有互动。

【步骤 2】寻找可能的行为模式

汇总多次观察结果，梳理导致儿童行为发生的前因和行为产生的后果，寻找可能的行为模式。

1. 导致儿童行为发生的前因

2. 儿童行为不同的后果

要点示范

表 8–26 不同前因下自言自语行为的发生次数统计

引发自言自语的前因	9月7日	9月9日	总计
老师呈现指令	3	2	5
孩子独自活动	10	2	12
老师移除物品或材料	1	1	2

从上述统计结果可以推测，孩子独自活动的时候更可能出现自言自语的行为。

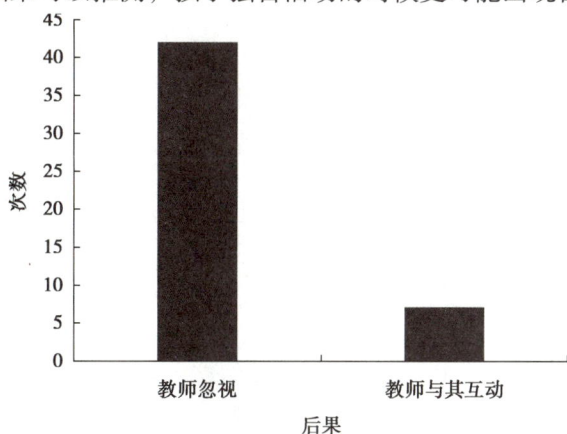

图 8–1 自言自语不同后果的次数比较

从图表中可以看出，当儿童自言自语后被老师忽视时，自言自语的行为发生更频繁。

【步骤 3】参考儿童社交沟通行为发展特点解读儿童行为

（1）儿童目前社会沟通行为的水平（区间）

_____

_____

（2）儿童已经具备的社交沟通技能

_____

_____

（3）儿童正在发展中的社交技能

_____

_____

（4）确定儿童目前的社会沟通行为是否恰当

_____

_____

👥**要点示范**

表 8-27　对辰辰语言表达能力与相关资料对比分析

观察记录	儿童发展或课程目标	对比分析
9/23 课间自主活动 顾老师对辰辰说："辰辰，去隔壁班借一把伞。"辰辰说："好的"。说完微笑着，快速地冲出了教室。大约 3 分钟后，辰辰回来了，手上什么也没有。顾老师问："辰辰，伞呢？"辰辰面露尴尬的表情，红着脸看着顾老师，一言不发。顾老师继续问："你怎么啦？不敢跟隔壁班的老师说吗？"隔壁班老师此时走过来说："你们班孩子要借什么，我听不懂"。我看一眼辰辰，问隔壁班老师，"我让他借伞，他怎么说？"隔壁班老师："他说，借'毯'，我不明白什么意思，就来问你。"	《3～6 岁儿童学习与发展指南》 2.2 愿意讲话并能清楚地表达 3～4 岁 1. 愿意表达自己的需要和想法，必要时能配以手势动作。 2. 能口齿清楚地说儿歌、童谣或复述简短的故事	1. 对比《指南》：愿意表达自己的需要和想法，口齿清楚。 主动举手，微笑着跑去隔壁班。有主动表达的欲望。辰辰对隔壁班老师说话，还有对自己班主任老师说话，老师都没有听懂，还有把"伞"发成"毯"。口齿含糊不清，使人难以理解。没有达到 3 岁小朋友应有的水平。
	儿童学习语言的句法规律 1. 言语前期（0～1 岁） 2. 单词句期（1～1.5 岁） 3. 双词句、电报句期（1.5～3 岁） 妈妈鞋、宝宝帽、奶奶在做操 断续、简略、结构不完整 4. 学前期儿童语言发展（3～6 岁） 3～5 岁是儿童口语表达快速发展期，为句子掌握阶段。 儿童可以使用简单句和较复杂的句子，掌握了大部分的语法结构形式	2. 对比句法发展：句子掌握阶段。 借"毯"，还有"hu 着"，电报句期。 处于 2～3 岁发展水平。
9/24 阅读课 孩子们都坐在自己的座位上，顾老师在班级面前提问："有谁知道这个问题该怎么解决？"，辰辰举手，并说："hu zhe"顾老师没有听懂，再次问了辰辰："你说了什么？请你再说一遍。"他脸憋得通红，低着头。班级里响起了一些同学的笑声。	儿童学习语言的发音规律 2～3 岁 到 3 岁时，爸爸妈妈大约能听懂孩子 70%～80% 的话。孩子已经能够使用大多数的声母，如 /b/、/p/、/d/、/t/、/g/、/k/、/j/、/q/、/x/、/h/、/f/、/m/、/n/ 等。 3～4 岁 到 4 岁时，孩子的语音虽然还不是很完美，但几乎所有的时间爸爸妈妈都能听懂他 / 她说的话。	3. 对比发音： 熟悉的人不能听懂他说的话。 不足 3 岁儿童的水平。
与小朋友交流的情况也是如此。	4～6 岁 孩子能正确使用绝大多数的声母和韵母	

1.整理目标儿童在幼儿园中语言表达能力的观察结果。

儿童跟人交流时基本无眼神接触，交流的形式也以被动回应为主，交流内容常常是简单重复的短语或单词。

2.确定儿童语言表达行为的模式：依据儿童事件取样观察的结果总结其语言表达行为可能的模式。

儿童有主动表达的动机，能够用言语或非言语的方式回应他人的互动；但发音含糊不清，并且交流时主要使用短语或词，没有连贯长句。

3.参考儿童语言发展特点解读其语言表达行为。

（1）儿童目前语言表达行为的水平（区间）。

电报句阶段（阶段3，共6阶段），总体2～3岁。

（2）儿童已经具备的语言表达技能。

儿童愿意主动表达，但语言发音含糊不清，只能发音正确部分韵母。

（3）儿童正在发展中的语言表达技能。

儿童清晰表达短语的能力正在发展过程中。

（4）确定儿童目前的语言表达行为是否恰当。

目前儿童的语言表达能力发展水平在2～3岁水平，与其生理年龄相比处于落后状态。

4.分析影响儿童语言发展的影响因素。

生理因素：医院检查，发音器官正常；

心理因素：无明显异常；

环境因素：妈妈工作忙，奶奶照看，与辰辰交流少；福建人，家庭中多用方言交流，缺少普通话环境；

饮食习惯：只吃搅拌过的精细食物，用奶瓶喝水。咀嚼能力弱，舌头使用不灵活。

【职业伦理】

《特殊教育教师专业标准（试行）》在"职业理解与认识"中指出："认同特殊教育教师职业的专业性、独特性和复杂性，注重自身专业发展。"

※ **任务提示**

　　作为一名学前融合教师，需要面对不同障碍类型的儿童，只有持续不断地学习，才能在对儿童行为观察结果进行解读和分析时做到客观、全面、有理有据。

任务评价

　　任务完成后，依据表8-28对学习过程进行评价。

表8-28　"分析取样观察记录结果"任务评价表

指标	内容	分值	自我评价	组内互评	教师评价
任务准备	观看微课	10			
	完成自学反馈	5			
	能对取样结果进行量化分析	10			
	能用文字梳理编码结果	10			
任务实施	解读内容全面，涵盖发展规律、现有能力、问题成因分析	15			
	解读依据合理	15			
	解读语言简洁易懂、条理清晰	15			
协作学习	积极参与	5			
	按时完成	5			
	协商合作	5			
	反思改进	5			
合计		100			
综合评价	自我评价（30%）	组内互评（40%）	教师评价（30%）	总分	

技能加油站

石腾峰在《野趣建构游戏中儿童合作行为的观察解读》一文中指出：游戏合作策略是指在野趣建构游戏中，儿童为了维持游戏进程所运用的一系列方法。通过对"蜘蛛警察"野趣建构游戏中儿童合作行为进行分析，研究者总结概括出亲社会合作、一般性合作、强制性合作三类合作策略，又可进一步分为邀请、协商、分工、配合、否定、建议、赞同、解释说明、指挥 9 种具体的游戏合作策略。野趣建构游戏中儿童所使用的游戏合作策略如表 8-29 所示。

表 8-29　野趣建构游戏中儿童常用合作策略

合作策略		定义	举例描述
亲社会合作策略	邀请	邀请他人参与游戏	辰辰以询问的方式使更多同伴参与到游戏中来
	协商	就某件事情交换意见	三人就搭建计划讨论、交流意见；讨论谁来做坏人
	分工	为完成共同的任务有条理地划分责任	负责拿取材料、寻找搭建场地；重新寻找合适的搭建材料等
	配合	合作双方主动协调，目标一致	三人共同拿起竹筷摆放在石头周围作为蜘蛛的腿；浩浩和辰辰一起搭建警察局、狐狸，并帮助改善狐狸的形象
	否定	否定自己或对方的行为	辰辰说搭建的蜘蛛不像；雯雯表示蜘蛛的眼睛不合适、缺少身体；雯雯不想做坏人，表示辰辰不可以抓自己
	建议	告诉别人可以做什么	雯雯建议搭建一个狐狸来做坏人
	赞同	提议得到他人的肯定	第一次搭建蜘蛛的问题得到肯定后去寻找新的材料；雯雯提出搭建狐狸来做坏人的想法得到肯定
	解释说明	为达成共识向他人陈述自己的理由	雯雯说自己在幼儿园看过狐狸抓小兔子的书，狐狸是坏人
	指挥	主动告诉别人要做什么	辰辰指挥组员拿取材料

任务 5 支持特殊儿童社交沟通行为

▣ 任务目标

1.能从更新观念、改善教养方式、提供社交情境等方面为特殊儿童创建社交沟通行为支持环境。

2.能用随机教学、主题教学、社交故事等方法提升特殊儿童的社交沟通技能。

3.能依据儿童社交沟通行为给予恰当的回应。

▣ 任务描述

活动 1 构建社交沟通行为支持环境。

活动 2 教导恰当的社交沟通行为。

活动 3 给予儿童社交沟通行为正确回应。

▣ 任务准备

【知识储备】

1.扫码学习促进儿童社交意愿的基础知识。

| 微课 | ▦ | 愿意与人交往——提供适宜支持 | PPT | ▦ | 愿意与人交往——提供适宜支持 |

2.扫码学习促进儿童语言表达的基础知识。

| 微课 | ▦ | 愿意说话并能清楚地表达——提供适宜支持 | PPT | ▦ | 愿意说话并能清楚地表达——提供适宜支持 |

任务实施

活动 1　构建社交沟通行为支持环境

【步骤 1】更新教育观念，营造轻松的氛围

请制作一份给儿童家长和老师的宣传单，旨在提醒家长和老师关注儿童的社交沟通发展，构建有利于儿童社交沟通的环境和氛围。

要点示范

表 8-30　为儿童构建有利于社交沟通的环境应采取的教养方式

要做的	要避免的
民主型：很多研究表明，民主型家庭中的儿童在情感、社会性和认知方面得到更好的发展。通常，这种家庭中的孩子更独立、自尊。民主型家庭中的父母比较关怀、体贴孩子，理解和支持孩子的兴趣，满足孩子的心理需求；尊重孩子处理自身事务的方式，给孩子一定的自由度，但也设定规则和纪律，并密切监督。	专制型：经常使用专断权力和惩罚等高控制策略，强调儿童的绝对服从。会造成孩子焦虑、恐惧和挫折感以及不良行为和社会适应问题。 溺爱型：对孩子极为关怀，对孩子的要求快速反应满足，但并不为孩子制订规则，不要求孩子按照规则调试自己的行为。情感上安全，但无边界感，自控力弱。 放养型：父母与孩子缺少互动和管教，易形成不安全依恋关系，低自尊，攻击性强，易冲动。

【步骤 2】提供有利于儿童社交参与的情境

我们可以调整幼儿园中的哪些情境或活动，使其更有利于儿童的社交参与？将你的思考结果填写在下表中。

表 8-31　调整原本缺乏社交支持的情境

情境 / 活动	调整后	效果

要点示范

表 8-32　调整情境示范

情境 / 活动	调整前	调整后	效果
户外活动，小朋友们在玩皮球	各自拍各自的皮球，没有互动。	老师组织"运瓜大作战"游戏，将球象征成大西瓜，用各种工具来接力运瓜到目的地。	小朋友在接力和竞争中有了社交互动。
角色游戏，小涵不与其他儿童一起参与活动	安排一名活泼外向的同伴与其一起游戏，因双方差异过大而形成更大的压力，使小涵变得更被动、更压抑。	插班生彤彤，平时也很少主动和其他孩子交流。教师引导小涵邀请彤彤一起玩做饭或者给娃娃穿衣服的游戏。	小涵成为能干的"小姐姐"，而且主动和同伴分享。

案例来源：贵州师范学院早期干预中心

【步骤 3】尊重儿童的社交权利

从"选择交友对象、处理社交矛盾和面对社交退缩"三个方面与你的小组成员讨论，作为老师应该怎样做才是真正尊重儿童的社交权利，将讨论结果总结后填写在下面横线上。

选择交友对象：

_____

_____

处理社交矛盾：

_____

_____

面对社交退缩：

_____

_____

活动 2　教导恰当的社交沟通行为

【步骤 1】随机教学

请以小组为单位进行模拟教学，在自然情境中利用随机教学机会教导儿童的语言表达能力。

表 8-33　儿童语言表达随机教学记录表

情境	儿童语言样本	语言教导目标	辅助策略	儿童达成情况 P: 辅助下完成 +: 独立完成 −: 不能完成

要点示范

表 8-34　儿童语言表达随机教学范例

情境	儿童语言样本	语言教导目标	辅助策略	儿童达成情况 P: 辅助下完成 +: 独立完成 −: 不能完成
间餐	儿童把 pao 发成 ba，不能发 p 音	正确发出 p 音	游戏活动: 模仿嘴唇放松、吐西瓜籽	PPPPP
区域活动	儿童: "书, 书, 我"	表达正确语序:"给我书"	口语示范	PP+
	儿童: "我时间到"	表达正确语序:"时间到, 该我了"	口语示范	P
午餐	儿童: "要饭"	扩充句子: "老师, 我要米饭"	口语示范	P+

案例来源: 贵州师范学院自闭症儿童早期干预中心

【步骤 2】主题教学

在下面的方框中设计一堂以"交朋友"为主题的教学活动，可参考环节活动形式有：同伴讨论、社交情景模拟等。

【步骤 3】其他教学策略

请根据你实习或见习所在幼儿园的特殊儿童的需求，撰写一则社交故事，帮助他 / 她理解情境，建立恰当的社交行为。

故事：

_____

_____

问题：

_____

_____

要点示范

社交故事范例

故事：

我每天都要去上画画课，有时候我跟老师去上课，有时候我跟妈妈去上课。上课的时候我会把嘴合上，认真听讲，这样妈妈会很高兴，老师和同学也会喜欢我。

问题：

上画画课的时候，我都跟谁一起去？

上课的时候，我怎么做能让妈妈高兴，让同学和老师喜欢我?

活动 3　给予儿童社交沟通行为正确回应

根据你观察了解到的儿童社交行为完成表格 8-35:

表 8-35　给予儿童恰当社交回馈记录表

情境	儿童表现	恰当反馈	备注

要点示范

表 8-36　对儿童社交沟通行为恰当回应范例

儿童表现		恰当反馈	举例
儿童表现出社交意愿，但迟迟不做出社交行为时	缺乏信心时	耐心等待，给予鼓励和支持	依依: 一直看着对面三个小朋友玩过家家，想要走过去，但是走了两步发现没人看她，就停住了。 老师: 依依，你是想过去跟他们玩吗? 去吧，你可以的。
	不知该怎样做时	可以通过提问或直接告知的方法	老师: 依依，你是想过去跟他们玩吗? 那你要怎样跟他们说呢? 你可以说:"我能一起玩儿吗?"
儿童没有社交意愿，不关注他人时		直接邀请	依依: 区域游戏时间独自在玩积木 老师或其他小朋友: 依依，我们在搭一个房子，你要过来跟我们一起搭吗?
		营造动机，吸引儿童关注	依依: 区域游戏时间独自在玩积木 老师或其他小朋友在娃娃家: 哇! 这个蛋糕好香啊，你做得真好吃! 要分蛋糕喽，谁要吃蛋糕呀?
儿童主动参与他人游戏，或接纳他人参与自己的游戏		给予眼神表情、语言的肯定和赞美	依依: 老师，我可以跟你们一起做饭吗? 老师微笑着看依依，并用愉悦的声音说: 好呀，欢迎你，你来帮我们洗菜吧。 晨会时在班级里表扬依依的表现。

【职业伦理】

《特殊教育专业师范生教师职业能力标准（试行）》在"教育教学知识"中指出："了解学生语言发展的特点，熟悉促进学生语言发展、沟通交流的策略与方法。"

※ 任务提示

儿童的社交沟通发展不是一蹴而就的，需要长时间的诱发、引导和鼓励，在这个过程中，我们一定要相信我们的孩子，不要气馁哦！

任务评价

任务完成后，依据表 8-37 对学习过程进行评价。

表 8-37 "支持特殊儿童社交沟通行为"任务评价表

指标	内容	分值	自我评价	组内互评	教师评价
任务准备	观看微课	10			
	完成自学反馈	5			
任务实施	包含情境支持、行为教导和后果介入三个维度	25			
	支持策略符合目标行为	15			
	支持策略具有可操作性	15			
	语言描述条理清晰、言简意赅	10			
协作学习	积极参与	5			
	按时完成	5			
	协商合作	5			
	反思改进	5			
合计		100			
综合评价	自我评价（30%）	组内互评（40%）	教师评价（30%）		总分

⚑技能加油站

社会技能训练（Social Skills Training，SST）是使用行为科学方法来教授与年龄相适应的社交技能和能力，以建立有意义的人际关系。研究表明，与提高社交技能相关的行为总结起来有七个方面，分别是基础技能、发起互动、维持互动、其他游戏技能、理解和管理情绪、语言和沟通以及其他相关的社交沟通技能。

研究人员在综合评估了多个研究之后，总结了一些促进社交技能有效性的基本要素。第一个是化抽象为具体，可以用图文并茂的社交故事，视频示范，角色扮演，生动形象地展示社交技能。第二个是提供框架和可预测性规律。第三个是提供结构化的语言支持，简单易懂的语言和指令，有助于儿童理解。第四个是提供多种多样的学习机会。第五个是在进行社交技能训练的时候，需要将具体的社交技能融入多样的活动中。第六个是选择合适的训练目标，每一个孤独症谱系孩子都是独一无二的，在不同的年龄有不同的成长和需求。

社交技能训练的方案要循序渐进，由易到难，逐层提高。孤独症谱系孩子倾向于把学到的技能局限在特定的社交场景中，因此，我们要确保孩子在训练场所之外能经常使用习得的社交技能，这是训练项目成功的关键因素之一。

项目九　观全局促生态共融——多管齐下

"不一样的烟火"

苗苗和好好去好朋友轩轩家玩儿，她们发现轩轩在上幼儿园的弟弟当当总是喜欢在一个角落，一字排开各种各样的火车玩具，嘴里念念有词，从不和她们交流。苗苗过去给当当打招呼，当当没有理睬。好好自认为是交友达人，用了各种办法，当当仍是沉浸在自己的火车世界里，不理人。她们很疑惑，觉得当当不理人，太没有礼貌了。轩轩说："当当大脑运转的方式和我们不一样，所以做事情的方式也和我们不一样。他和人说话的时候不喜欢看向别人。"苗苗和好好恍然大悟，原来当当不理睬她们并不是没有礼貌或者不喜欢她们。

融合教师有话说

每一种类型的特殊需要儿童都有其典型的核心障碍特征，我们只有真正了解他们，才能做到同理、接纳，融合共生，和谐相处。

📋 学习目标

素质目标

1. 树立美美与共、和谐共生的融合教育生态观。

2. 培养博爱奉献的特教情怀。

3. 培养科学循证、团队协作的职业态度。

能力目标

1. 掌握儿童行为功能评估的流程。

2. 依据不同障碍类型儿童特点选择观察方法并制订观察计划。

3. 能针对不同的观察方法实施正确的观察记录。

4. 能解读问题行为功能评估结果。

5. 能依据问题行为观察结果制订适宜的支持计划。

知识目标

1. 掌握孤独症儿童的定义、诊断标准和轻重程度。

2. 掌握多动症儿童的定义、核心障碍、诊断标准和学习特点。

3. 掌握智力障碍儿童的定义、特点、诊断标准和学习特点。

⭐学习地图

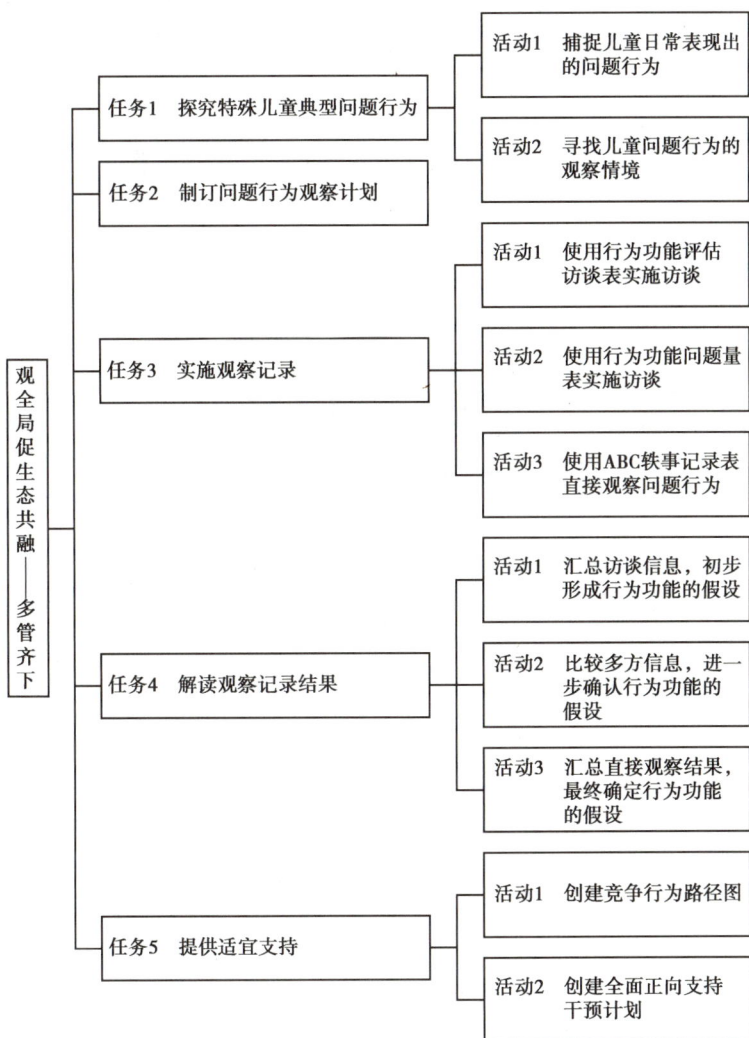

⭐感悟内涵

【铸师魂】和谐共生

国学语录

各美其美，美人之美，美美与共，天下大同。

——著名社会学家费孝通

释义：发现自身之美，然后发现、欣赏他人之美，再到相互欣赏、赞美，最后达到一致和融合。办好人民满意的教育、建设教育强国，残疾人一个也不能少。融合教育高质量发展需要强调尊重差异，让每一个人都有人生出彩的机会。

【省思感悟】

所有儿童都有独特的优点，作为融合老师，如何做才能发现每个儿童的闪光点？

【润童心】融爱共长

> ### 国学礼仪
>
> 泛爱众，而亲仁。
>
> ——《论语·学而》

释义：指人与人之间相互友善、和谐的关系。

学前融合教育是一个普特双赢、互惠共生的过程。融合教育不仅是特殊儿童的权利和福利，也是普通儿童的机会和优势，更是社会的进步和文明。

📋 项目建组

请 4 ~ 6 人自由组队，分工协作完成本项目的学习、记录和评价。具体要求如下：

1. 每组需要一名组长，组员每人均承担一定任务。

2. 确定组名。

3. 记录建组过程中遇到的困难和解决措施。

4. 填写下列分组情况表格

表 9-1　项目九建组情况

组名		组长姓名		组长学号	
组员姓名	组员学号	承担任务			准备

组员姓名	组员学号	承担任务			准备
遇到的困难					
解决措施					

任务1 探究特殊儿童典型问题行为

⬛ 任务目标

1. 了解孤独症、多动症、智力障碍三类儿童的核心障碍。

2. 能捕捉到儿童日常表现出的问题行为。

3. 能以积极的态度对待儿童的问题行为。

⬛ 任务描述

活动1　捕捉儿童日常表现出的问题行为。

活动2　寻找儿童问题行为的观察情境。

⬛ 任务准备

【知识储备】

1. 扫码学习孤独症儿童典型问题行为基础知识。

| 微课 | | 孤独症儿童典型问题行为 | PPT | | 孤独症儿童典型问题行为 |

2. 扫码学习多动症儿童典型问题行为基础知识。

| 微课 | | 多动症儿童典型问题行为 | PPT | | 多动症儿童典型问题行为 |

3. 扫码学习智力障碍儿童典型问题行为基础知识。

| 微课 | | 智力障碍儿童典型问题行为 | PPT | | 智力障碍儿童典型问题行为 |

任务实施

活动 1　捕捉儿童日常表现出的问题行为

【步骤 1】确定观察对象

在你所实习或任教的班级内分别选择一名孤独症、多动症或者智力障碍儿童。将儿童基本信息填写在表 9-2 中。

【步骤 2】识别问题行为

对照【知识储备】微课中孤独症、多动症和智力障碍儿童的核心障碍表现，观察选定儿童的日常活动，讨论儿童表现出了哪些问题行为？是否与《指南》描述相符。将问题行为相关信息填写在表 9-2 中。

表 9-2　"识别问题行为"任务单

儿童基本信息			
化名或编号		年　龄	岁　月
性别	□男　□女	就读班级	□小班　□中班　□大班
是否特殊儿童	□是　□否 若回答是，请填写下列内容 障碍类型：□智力障碍　□多动及注意力缺陷 　　　　　□孤独症谱系障碍　□学习障碍		
问题行为表现			
《3～6 岁儿童学习与发展指南》相关描述	具体表现	是否与《3～6 岁儿童学习与发展指南》相符	备注
		□是　□否	
		□是　□否	
		□是　□否	
		□是　□否	
		□是　□否	
		□是　□否	

【职业伦理】

《特殊教育教师专业标准（试行）》在"专业知识"中指出要"掌握学生残疾类型、原因、程度、发展水平、发展速度等方面的个体差异及教育的策略和方法"。

※ 任务提示

表9-2中在识别特殊儿童问题行为的过程中，一定要基于其残疾类型、程度、发展水平、发展速度准确捕捉典型问题行为的表现。

活动2　寻找儿童问题行为的观察情境

针对上述儿童的问题行为，结合幼儿园一日生活流程，寻找可能的观察情境，并阐述观察要点。

【步骤1】了解幼儿园一日生活流程

请梳理你所实习或任教园所的一日生活流程，并填入表9-3中。

表9-3　基于"幼儿园一日生活"的观察情境任务单

活动名称	活动时间	活动内容	是否为观察情境	观察要点
			□是　□否	
			□是　□否	
			□是　□否	
			□是　□否	
			□是　□否	
			□是　□否	
			□是　□否	
			□是　□否	
			□是　□否	

【步骤 2】寻找可能的观察情境及观察要点

针对活动 1 中特殊儿童的问题行为表现，在上述一日流程中选择合适的观察情境并阐述观察要点。

【职业伦理】

《特殊教育专业师范生教师职业能力标准（试行）》在"师德践行能力"中指出"能分析解决特殊教育教学实践中的相关道德规范问题"。

※ 任务提示

在面对特殊儿童问题行为时，一定要遵循以儿童为本的伦理规范，立足全体儿童。

任务评价

任务完成后，依据表 9-4 对学习过程进行评价。

表 9-4　"探究儿童问题行为"任务评价表

指标	内容		分值	自我评价	组内互评	教师评价
任务准备	观看微课		10			
	完成自学反馈		5			
任务实施	活动1	确定观察对象	5			
		儿童典型问题行为表现描述准确	20			
	活动2	幼儿园一日生活流程填写完整	10			
		观察情境能真正观察到儿童问题行为	15			
		观察要点符合问题行为的特点	15			
协作学习	积极参与		5			
	按时完成		5			

续表

指标	内容		分值	自我评价	组内互评	教师评价
协作学习	协商合作		5			
	反思改进		5			
合计			100			
综合评价	自我评价（30%）	组内互评（40%）	教师评价（30%）		总分	

技能加油站

  凤华在《自闭症儿童社会－情绪教育实务工作手册》一书中指出分享式注意力是指两个人与一个物品间的沟通分享能力。分享式注意力包含回应式分享注意力和发起式分享注意力。回应式分享注意力是指儿童跟随他人的眼神或手指示方向来注意物品。发起式分享注意力是指儿童主动用手势、声音、动作等向他人分享自己感兴趣的注意焦点。一般来说，婴儿分享式注意力发展的历程如表 9-5 所示。

表 9-5　婴儿分享式注意力发展历程

月龄	表现
9	在人与物品之间进行眼神交替
11—13	发起式分享注意力发展成熟
15—18	回应式分享注意力发展成熟
30	发展出协调性更好的共享式注意力

  分享式注意力是儿童认知自己与他人关系的重要里程碑。但是，分享式注意力缺陷是孤独症社交障碍的重要表现，它在孤独症儿童的生命早期就普遍表现出来。这表现在孤独症的孩子对人没有兴趣，不仅没有眼神注视，更不善于观察人的面部表情。Dube、MacDonald、Mansfield、Holcomb 和 Ahearn（2004）恰当的行为分析与教学，成功教导两名孤独症儿童发展出了共享式注意力。

任务 2　制订问题行为观察计划

任务目标

1. 了解行为与环境的关系，明确可能的行为功能。

2. 能够明确观察目标，并根据观察目标选择观察情境。

3. 能依据观察需求编制多种观察记录单。

4. 能准备观察工具，并制订相应的观察计划。

5. 在制订观察计划的过程中提高团队协作能力。

任务描述

针对任务 1 中特殊儿童，围绕其问题行为，编制观察记录单并制订相应的观察计划。

任务准备

【知识储备】

扫码学习制订观察计划基础知识。

| 微课 | [QR code] | 制订观察计划——多管齐下 | PPT | [QR code] | 制订观察计划——多管齐下 |

任务实施

【步骤 1】确定观察目的

聚焦任务 1 中了解到的儿童问题行为概况，确定行为可能的功能，将儿童基本信息及观察目的填写在表 9-9 中。

【步骤 2】明确观察目标

梳理表 9-3 中的观察要点，结合《3～6 岁儿童学习与发展指南》《0～6 岁儿童发展里程碑》中的相关描述以及问题行为的基础知识，提炼不超过 3 个观察目标，填写在表 9-9 中。

⚇要点示范

1. 目标行为的组成

目标行为：抢夺物品，指当想要的物品 / 玩具在他人手中时，儿童以直接上手抢夺的方式获得物品 / 玩具。

表 9-6   "抢夺物品"目标行为组成示范

成分	描述
情境	看到想要的物品 / 玩具在他人手中
形式	上手抢夺
功能	得到想要的物品 / 玩具

2. 问题行为的纳入标准

（1）持续时间长，频繁发生，比较激烈的行为。

（2）行为与年龄不相符。

（3）干扰学习或影响与同龄人以及成人互动的行为。

3. 观察目的与观察目标范例

观察目的：了解行为与环境之间的关系，明确儿童抢夺物品的行为功能。

观察目标：在一日流程中，幼儿园抢夺他人物品的行为。

【步骤 3】选定观察情境

梳理表 9-3 中的观察情境，选择 1 ~ 3 个最可能观察到目标行为的情境，在表 9-9 中具体描写。

【步骤 4】编制观察记录单

依据观察目标行为的数量、观察对象的人数、观察情境的不同等因素，参考"要点示范"部分的记录单模板，自主编制合适的观察记录单。

请将自主编制的观察记录单绘制在下列区域：

要点示范

表 9-7　ABC 记录表格

表格来源: John O.Cooper, Timothy E. Heron, William L.Heward. 应用行为分析 [M]. 美国展望教育中心, 译. 武汉: 武汉大学出版社, 2012.

观察者		日期		观察时间	
前事		行为		后果	
□工作提示 / 指令 □提供注意 □社会性互动 □做喜欢的活动 □移走喜欢的活动 □单独(没有提供注意 / 没有提供活动)		□发脾气 □攻击行为		□社会性注意 □责骂 □工作要求 □得到喜欢的物品 □作业移除 □提供注意	

表 9-8　ABC 轶事记录

时间	做什么活动 / 和谁在一起	行为发生前的事情	出现的行为	行为后果	个体反应	他人反应

【步骤 5】准备观察工具

在表 9-9 中填写要准备的观察工具。

表 9-9　"问题行为"观察计划表

观察对象		班级		出生日期	年 月 日
观察者	□带班老师　□生活老师　□教学督导　□其他				
观察目的					
观察领域	□健康 □身心状况 □动作发展 □生活习惯与 生活能力	□语言 □倾听与表达 □阅读与书写 准备	□社会 □人际交往 □社会适应	□科学 □科学探索 □数学认知	□艺术 □感受与欣赏 □表现与创造
目标行为					
观察方法	□轶事记录　□检核表　□等级量表　□时间取样　□事件取样　□访谈儿童 □访谈家长　□永久性资料(□作品　□照片　□视频　□音频)				
观察环境					
观察时段	□早上　□上午　□中午　□下午　□放学　□其他				
观察工具	□观察记录单　□录音设备　□录像设备　□笔　□计时工具				
观察结果	□文字　□图表				
观察次数	____次/天　____次/周				
其他事项					

🧑‍🤝‍🧑 要点示范

表 9-10　"问题行为"观察计划范例

观察对象	小C	班级	中班	出生日期	2020年1月 13日
观察者	√带班老师　□生活老师　□教学督导　□其他				
观察目的	了解学生抢夺他人物品的行为功能				
观察领域	□健康 □身心状况 □动作发展 □生活习惯与 生活能力	□语言 □倾听与表达 □阅读与书写 准备	√社会 √人际交往 □社会适应	□科学 □科学探索 □数学认知	□艺术 □感受与欣赏 □表现与创造
目标行为	当想要的物品/玩具在他人手中时,儿童以直接上手抢夺的方式获得物品/玩具。				

续表

观察方法	√轶事记录　□检核表　√等级量表　□时间取样　□事件取样　□访谈儿童 √访谈家长　√永久性资料(□作品　□照片　□视频　□音频)
观察环境	桌面手工环节,老师放置一盒彩笔和有限的手工材料,学生根据自己的想法画一个房子并进行装饰。一名生活老师在旁边随时提供帮助。
观察时段	□早上　√上午　□中午　□下午　□放学　□其他
观察工具	√观察记录单　□录音设备　√录像设备　√笔
观察结果	√文字　□图表
观察次数	1次/天　3次/周
其他事项	在问题行为发生时保护儿童安全。

【职业伦理】

《特殊教育教师专业标准(试行)》在"激励与评价"中指出:"灵活运用多元评价方法和调整策略,多视角、全过程评价学生的发展情况。"

> ※ 任务提示
>
> 　　表9-9中"观察方法"中选择多种观察方法,从不同角度对特殊儿童的问题行为进行立体观察,获取更加翔实的信息。

任务评价

　　任务完成后,依据表9-11对学习过程进行评价。

表9-11　"制订问题行为观察计划"任务评价表

指标	内容	分值	自我评价	组内互评	教师评价
仕务准备	观看微课	10			
	完成自学反馈	5			
任务实施	观察目的表述明确、清晰	5			
	目标行为可观察、可测量	20			
	目标行为符合观察目的	5			

续表

指标	内容	分值	自我评价	组内互评	教师评价
任务实施	观察情境具体,能观察到目标行为	10			
	观察记录单包含 5w1h	10			
	观察记录单设计合理,符合观察目的	10			
	观察准备充分,无遗漏	5			
协作学习	积极参与	5			
	按时完成	5			
	协商合作	5			
	反思改进	5			
合计		100			
综合评价	自我评价（30%）	组内互评（40%）	教师评价（30%）	总分	

技能加油站

当我们身处一所房子之中，眺望每一个窗口都能领略到不同的风景。透过一扇窗，我们可以看到山但可能看不到湖；透过另一扇窗，我们虽然只能看到湖的一部分，但是却能欣赏碧绿的草地。所以，为了看到全景，我们必须注意查看每一扇窗户。

对儿童行为的观察亦是如此，单独的观察方法或者信息来源只能提供特定的有限信息。因此，对于儿童行为的全面观察与评估，需要透过多个窗口。首先，需要从多方面确定观察信息的来源，也就是从哪些人以及哪些档案资料中获取儿童行为信息。这包括：儿童自身、其他儿童、家长、教师、其他成人；儿童的出勤记录、健康记录等各种档案资料。其次，需要结合多种观察方法，这包括使用文字方式呈现的文本描述观察，收集儿童的手工作品、照片、视频等永久性资料，使用检核表和等级量表，对行为进行取样、实施访谈，等等。通过多种信息来源，综合多种观察方法获得的有关儿童行为信息才会更加具有信度和代表性，这有助于帮助教师摆脱过于依赖于某一种方法而带来的思维僵化，也减少了错误的可能性。

任务 3　实施观察记录

任务目标

1. 能使用行为功能访谈表实施访谈。

2. 能使用行为功能问题量表实施访谈。

3. 能使用 ABC 轶事记录直接观察问题行为。

任务描述

活动 1　使用行为功能评估访谈表实施访谈。

活动 2　使用行为功能问题量表实施访谈。

活动 3　使用 ABC 轶事记录表直接观察问题行为。

任务准备

【知识储备】

扫码学习实施观察记录的基础知识，并完成下面的自学反馈。

| 微课 | [QR code] 实施观察记录——多管齐下 | PPT | [QR code] 实施观察记录——多管齐下 |

任务实施

活动 1　使用行为功能评估访谈表实施访谈

参考表 9–13 的范例，依据下述步骤开展问题行为功能评估访谈。

【步骤 1】描述问题行为

询问家长关于特殊儿童问题行为的外在表现、频率、持续时间、强度及规律性，并依据外在表现对问题行为进行归类整合，填入表 9-12 中。

👥要点示范

表 9-12　问题行为常见类型及表现

类别	特征	举例
攻击行为	对他人进行负面的身体接触或者试图进行负面的身体接触；这种身体接触可能会造成他人疼痛或者受伤。	打人、抓人、对他人吐口水、扣住他人手臂……
自伤行为	个体对自己进行可能会伤害到自己的行为。	咬自己、打头、用物品伤害自己……
不恰当的身体接触	非暴力的，包括肢体上的限制，肢体上的反抗。	玩游戏时阻挡他人，从别人手里抢东西、从照护者手上挣脱……
不配合行为	打扰人或者导致计划无法完成。	不听话、不回应、走神……
负面语言行为	语言暴力，不适宜的要求、负面非口头语言暴力。	拒绝，讨价还价，插话，骂人，重复提要求，重复问问题，威胁，尖叫……
离开行为	未经允许离开正在进行的活动或者任务。	离开操场、躲起来、从父母身边跑开……
破坏行为	破坏物品。	玩不该玩的玩具、乱写乱画、打翻物品、打坏或撕毁物品……
危险行为	任何危害身体健康的行为。	爬到不安全的地方，触碰危险物品……
饮食障碍	身体抗拒进食。	推开餐具、扭头不吃、倒掉食物、呕吐、食物含在嘴里不吞咽……
睡眠障碍	有效睡眠时间短，睡眠质量差。	入睡困难、苦恼、睡眠不安……

【步骤 2】找到潜在的环境因素

从医疗用药、生理健康、睡眠习惯、饮食习惯、一日活动、行程的可预测性、行程的选择七个方面访谈问题行为的潜在环境因素，填入表 9-14 中。

【步骤 3】找到前因因素

从时间、环境事件、人物和活动四个方面访谈问题行为发生之前的情况。

【步骤 4】找到后果因素

从问题行为之后儿童获得了什么或者逃避了什么两个方面展开访谈。

要点示范

问题行为之后儿童可能既会获得什么也会逃避什么，也可能只获得什么或者只逃避了什么。

【步骤 5】问题行为的有效程度

采用五点量表，从费力程度、频率以及时效性方面对问题行为的有效程度进行评级。得分越高，问题行为的有效性越低，反之亦然。

【步骤 6】寻找儿童已经具备的恰当沟通替代行为

记录的替代行为一定是儿童已经具备的，并且与问题行为的后果相同。

【步骤 7】寻找儿童现在使用的沟通方法

从语言沟通和非语言沟通以及附带问题行为几个方面访谈儿童目前使用的沟通方法。

【步骤 8】寻找可能的有效策略和无效策略

访谈家长针对儿童问题行为采取过的措施及其效果。

【步骤 9】寻找儿童的兴趣爱好，确定可能的奖励

从食物、玩具、活动以及人际交往等方面访谈关于儿童的兴趣爱好。

【步骤 10】确定问题行为的历史及曾经使用过的处理策略

访谈针对问题行为采取过的干预策略及其时长与效果。

👥 **要点示范**

表 9-13　行为功能评估访谈范例

儿童姓名	豆豆	年龄	5 岁	性别	男孩
访问时间		访问者			
被访问者	老师				

案例来源: 梦翔儿童发展中心

A. 描绘行为表现。

1. 对于每个需要干预的行为,解释这个行为的表现(发生的时候是什么样的形式)、次数(每天,或者每周,或者每个月几次)、时长(开始到结束有多久)和强度(这个行为发生的时候对周围的环境或者人会造成怎么样的损伤)

	行为	具体表现	次数	时长	强度
a.	不配合	玩教学材料,哭闹,尖叫,在地上打滚	每节课 3 ~ 5 次 打滚每 2 ~ 3 天一次	每次持续 2 ~ 3 分钟	中度 打滚重度
b.	负面语言行为	尖叫,哭闹,喊"妈妈别走"	妈妈送入学,每次都会哭闹	5 ~ 30 分钟	重度,对妈妈和老师都是强大的困扰

2. 以上所列出的行为哪些是一般都一起发生的呢?他们是同时发生的吗?它是连锁反应?或是对同样情况的反应?

一般都会一起出现。哭闹、尖叫会同时发生,然后会在地上打滚。

B. 定义会增加问题行为发生概率的自然环境因素(环境事件)。

1. 如果有的话,这个孩子在服用任何药物吗?你觉得这些药物对他 / 她的行为有什么影响吗?

无。

2. 这个孩子有任何健康或者身体上的问题会影响他 / 她的行为吗?(比如:哮喘、过敏、皮疹、鼻窦感染、癫痫、任何和月经有关的不适)

对牛奶过敏。

3. 描绘孩子的睡眠规律,这个模式会不会影响他 / 她的行为?会影响到什么程度?

每个晚上都会睡 7 ~ 9 个小时,没有问题。

4. 描绘孩子的饮食习惯，这个饮食习惯会不会影响他/她的行为？会影响到什么程度？

吃得很好，蔬菜等都吃。

5a. 简要地列出孩子的每日日程安排

喜欢	有问题行为	时间	活动	喜欢	有问题行为	时间	活动
		5：00				2：00	起床 吃水果
		6：30	起床洗漱、吃饭		√	3：00	上课
		7：30	出门上学			4：30	放学（妈妈接没有问题行为，爸爸接会哭）
	√	8：30	到校上课			5：00	回家 在路上
	√	10：00	上课			6：00	
√		11：30	午餐			7：00	
		12：00	午休			8：00	
		1：00	午休			9：00	
						10：00	

5b. 对于这个孩子来说，每天他的行程多有预测性？包括什么会发生，什么时间会发生，和谁，有多长时间。

幼儿园里的行程可预测性很强，因为一日流程都很固定。家长认为孩子知道每天应该干什么。

5c. 孩了一天有多少机会可以白主选择他喜欢的活动或者物品？（例如，食物、衣服、玩伴、休闲活动）

在家里经常是妈妈提供，很少有机会。在学校除了自由活动时间可以自己选择喜欢的活动或物品，其他时间都是老师安排。

C. 请写出一些详细的最有可能和最没有可能发生在问题行为之前或者可以预测行为的事件。

1. 时间：什么时间问题行为最有可能或者最没有可能发生？

最有可能的时间：妈妈送上学时、上课过程中；

最没有可能的时间：午餐时，妈妈来接放学时。

2. 环境事件：在什么地方问题行为最有可能或者最没有可能发生？

最有可能的地点：校门口和教室；

最没有可能的地点：家里。

3. 人物：和谁在一起问题行为最有可能或者最没有可能发生？

最有可能的人：妈妈、老师；

最没有可能的人：没有，和任何人都可能发生问题行为。

4. 活动：这个孩子在进行什么活动的时候最有可能或者最没有可能发生不恰当行为？

最有可能：主题活动或者有任务要求的活动；

最没有可能：户外活动、区域活动。

5. 会不会有没有被列在之前的问题里的特定的或者有特性的情况或者事件有可能引起问题行为的，比如一个特定的要求，噪音、灯光、衣服等？

被批评的时候。

6. 有任何一件事你做了会很有可能引起不恰当的行为？

布置困难的任务。

7. 简单地形容一下这个孩子的行为会怎么被以下的情况影响。

a. 你叫他／她做一件对他来说困难的事情

不配合。

b. 你干预了一个他／她喜欢活动，比如说吃冰激凌或者看电视

可以接受，不会发脾气。

c. 你无预警地改变他／她的日常行程或者活动时间表

可能需要很长时间适应，甚至会出现问题行为。

d. 他／她想要一样东西但是自己拿不到（比如说放在架子上的零食）

没问题，会请求别人的帮助。

e. 你没有关注他／她，或者让他／她自己一个人待太长时间（比如：15分钟）

没问题，会自己玩。

D. 找出一直维持不恰当行为的后果或者结果（也就是说在某个特定的情况下，您的孩子想要达到的目的）：

想一下每个列在区域 A 的不恰当行为，试着找到在不同的情况下这些行为得到的特定的后果或者结果。

	特定的情况（即诱因事件）	行为	详细地说一下他 / 她得到什么？	详细地说一下他 / 她是逃避什么？
a.	妈妈送他到学校，然后准备离开	负面语言	妈妈停下来安抚他，获得妈妈的关注	
b.	上课，老师布置困难的任务	不配合		逃避完成任务

E. 想一下不恰当行为的有效率。有效率是一个整体的评分，需考虑以下几个方面（A）：有多少体力投入（B）？这个行为要持续多久才会达到目的？（C）您的孩子必须等多久才能达到目的？

问题行为	低效率				高效率
负面语言	1	2	3	4	5
不配合	1	2	3	4	5

F. 有什么功能一致的替代行为是这个孩子已经知道怎么做的？

有什么社交恰当的行为或者技能是这个孩子已经知道怎么做，而且这个行为是可以替代不恰当行为来达到目的的？

可以用语言表达，说妈妈别走，我不想上课。

G. 这个孩子是用什么方式来与他人沟通的？

·1.这个孩子正在使用或者有什么是他 / 她可以使用的表达方式？这些可能包括口语、手语 / 手势、沟通板 / 书，或者电子器材？这些方式会是多频繁地被使用？

用简单的语言进行沟通。

2.在下面的表格里面，指出这个孩子用哪种行为来达到沟通目的。

沟通功能	复杂的语言（句子）	多个字的短语	一个字	重复别人说的	其他声音	复杂手语	单个手语	指	带领	摇头	伸手/拿/够	给东西	增加动作	靠近你	移开或者离开	注目	面部表情	暴力	自伤	其他
需要注意力		√		√																√
需要帮助		√		√																√
要求喜欢的食物/物品/活动		√																		√
需要休息																				√
给你看东西或者带你去一个地方																				
说出身体不舒服的地方（头疼、瘙痒等）																				
说出困惑或者不开心																				
反抗或者反对一个情况或者拒绝一个活动																				

关于这个孩子的理解性语言，或者说他/她能够理解他人的程度。

a. 这个孩子会听从指示或者要求吗？（如果可以的话，请列一些）

大部分的日常指令都可以听懂，过来、坐下，拿书包……

b. 这个孩子会听从用手语或者手势表达的要求或指示吗？如果可以，大概多少？

用口语沟通。

c. 如果你提供身体模仿来帮助完成任务或者活动，那这个孩子可以模仿你的动作吗？

有较好的模仿能力。

d. 这个孩子一般表达好或者不好，如果他/她想要一样东西，想要去什么地方，等等？

用语言表达，我想要……，我想去……

H. 当你和这个孩子工作的时候，有什么你一定会做和有什么一定会避免的？

1. 有什么事情你会做，会有可能增加你和这个孩子进行课程或者其他活动的可能性？

多提供身体律动的活动，多提供辅助，提供喜欢的玩具或活动，给予较多的休息时间。

2. 有什么事情可能影响或者打断你和这个孩子进行的课程或者其他活动，你会避免做？

纠正他的错误，拒绝他的要求。

I. 有什么事情或者东西对这个孩子来说是喜欢的？

①食物：饼干、奶糖、瓜子；

②玩具和其他物品：恐龙、车子、体育类用品；

③在家里的活动：看电视、和妈妈玩；

④在学校或者在社区的活动：和同伴玩、在户外坑；

⑤互动：和同伴玩；

⑥其他：集体活动。

J. 对于不恰当的行为，你了解多少？干预这些行为的计划，和这些计划的效果呢？

	行为	这个不恰当行为有多久了？	正在实施/实施过的干预计划	干预效果
1.	负面语言行为（尖叫哭闹）	两个星期	减弱（让妈妈赶紧离开幼儿园）	很少有效果
2.	不配合	两个星期	提供喜欢的玩具	有一点效果，但不大

表 9-14　行为功能评估访谈

儿童姓名		年龄		性别
访问时间				
访问者				
被访问者				

来自：O'Neill, R. E., Horner, R. H. Albin, R. W., Sprague, J. R., Storey, K., & Newton, J. S. (1997). Functional Assessment and Program Development for Problem Behavior: A Practical Handbook. Pacific Grove, CA: Brooks/Cole Publishing

A. 描绘行为表现。

对于每个需要干预的行为，解释这个行为的表现（发生的时候是什么样的形式）、次数（每天，或者每周，或者每个月几次）、时长（从开始到结束有多久）和强度（这个行为发生的时候对周围的环境或者人会造成怎样的损伤）

	行为	具体表现	次数	时长	强度
a					
b					
c					
d					
f					

以上所列出的行为，哪些是一般都一起发生的呢？它们是同时发生的吗？还是连锁反应？或是对同样情况的反应？

B. 定义会增加问题行为发生概率的自然环境因素（环境事件）。

如果有的话，这个孩子在服用任何药物吗？你觉得这些药物对他/她的行为有什么影响吗？

_____

_____

1. 这个孩子有任何健康或者身体上的问题会影响他 / 她的行为吗？（比如：哮喘、过敏、皮疹、鼻窦感染、癫痫，以及任何和月经有关的不适）

_____

2. 描绘孩子的睡眠规律，这个模式会不会影响他 / 她的行为？会影响到什么程度？

_____

_____

3. 描绘孩子的饮食习惯，这个饮食习惯会不会影响他 / 她的行为？会影响到什么程度？

_____

_____

4a. 简要列出孩子的每日日程安排（根据每个时间段不可能有问题行为和最可能有问题行为的，在小框里打钩）

平日

喜欢		有问题行为				喜欢		有问题行为		
				5：00					14：00	
				6：30					15：00	
				7：30					16：30	
				8：30					17：00	
				10：00					18：00	
				11：30					19：00	
				12：00					20：00	
				13：00					21：00	
									22：00	

周末

喜欢			有问题行为			喜欢			有问题行为	
			5：00						14：00	
			6：30						15：00	
			7：30						16：30	
			8：30						17：00	
			10：00						18：00	
			11：30						19：00	
			12：00						20：00	
			13：00						21：00	
									22：00	

4b. 对于这个孩子来说，每天他的行程多有预测性？包括什么会发生，什么时间会发生，和谁，有多长时间。

_____

_____

4c. 孩子一天有多少机会可以自主选择他喜欢的活动或者物品？（例如，食物、衣服、玩伴、休闲活动）

_____

_____

5. 一般在家里、学校、工作的地方，这个孩子周围都有多少人会在身边（包括工作人员、同学、室友）？一般来说，这个孩子会不会不喜欢很多人、很吵闹的环境？

_____

_____

6. 这个孩子在家里、学校、工作的地方，或者其他地方有多少辅助人员在支持他／她？比例是多少？您认为辅助人员的数量和辅助人员和孩子之间的交流沟通会不会和您的孩子的问题行为有关？

_____

C. 请写出一些详细的最有可能和最没有可能发生在问题行为之前或者可以预测的行为事件。

1. 时间：什么时间问题行为最有可能或者最没有可能发生？

最有可能的时间：

_____

_____

最没有可能的时间：

_____

_____

2. 环境事件：在什么地方问题行为最有可能或者最没有可能发生？

最有可能的地点：

_____

_____

最没有可能的地点：

_____

_____

3. 人物：和谁在一起问题行为最有可能或者最没有可能发生？

最有可能的人：

_____

_____

最没有可能的人：

_____

_____

4. 活动：这个孩子在进行什么活动的时候最有可能或者最没有可能发生不恰当行为？

最有可能的活动：

_____

最没有可能的活动：

5. 会不会有没有被列在之前的问题里的特定的或者有特性的情况或者事件有可能会引起问题行为，比如一个特定的要求：噪声、灯光、衣服等？

6. 有任何一件事你做了很有可能会引起不恰当的行为？

7. 简单地形容一下这个孩子的行为会怎么被以下的情况影响：

a. 你叫他／她做一件对于他来说困难的事情。

b. 你干预了一个他／她喜欢活动，比如说吃冰激凌或者看电视。

c. 你无预警地改变他／她的日常行程或者活动时间表。

d. 他／她想要一样东西但是自己拿不到（比如说放在架子上的零食）。

e. 你没有关注他／她，或者让他／她自己一个人待太长时间（比如：15分钟）。

D. 找出一直维持不恰当行为的后果或者结果（也就是说在某个特定的情况下，您的孩子想要达到的目的）：

想一下每个列在区域 A 的不恰当行为，试着找到在不同的情况下这些行为得到的特定的后果或者结果。

	特定的情况(即诱因事件)	行为	详细地说一下他／她能得到什么?	详细地说一下他／她是逃避什么?
a				
b				
c				
d				
e				

E. 想一下不恰当行为的有效率。有效率是一个整体的评分，需考虑以下几个方面：（A）有多少体力投入；（B）这个行为要持续多久才会达到目的；（C）您的孩子必须等多久才能达到目的。

问题行为	低效率				高效率
	1	2	3	4	5
	1	2	3	4	5
	1	2	3	4	5
	1	2	3	4	5
	1	2	3	4	5
	1	2	3	4	5
	1	2	3	4	5

F. 有什么功能一致的替代行为是这个孩子已经知道怎么做的?

有什么社交恰当的行为或者技能是这个孩子已经知道怎么做，而且这个行为是可以替代不恰当行为来达到目的的?

G. 这个孩子是用什么方式来与他人沟通的？

1. 这个孩子正在使用或者有什么是他／她可以使用的表达方式？这些可能包括口语、手语／手势、沟通板／书，或者电子器材。这些方式会是多频繁地被使用？

2. 在下面的表格里面，指出这个孩子用哪种行为来达到沟通目的

沟通功能	复杂的语言(句子)	多个字的短语	一个字	重复别人说的	其他声音	复杂手语	单个手语	指	带领	摇头	伸手拿/够	给东西	增加动作	靠近你	移开或者离开	注目	面部表情	暴力	自伤	其他
需要注意力																				
需要帮助																				
要求喜欢的食物/物品/活动																				
需要休息																				
给你看东西或者带你去一个地方																				
说出身体不舒服的地方(头疼、瘙痒)																				
说出困惑或者不开心																				
反抗或者反对一个情况或者拒绝一个活动																				

关于这个孩子的理解性语言，或者说他／她能够理解他人的程度。

a. 这个孩子会听从指示或者要求吗？（如果可以的话，请列一些）

b. 这个孩子会听从用手语或者手势的要求或指示吗？如果可以，大概多少？

c. 如果你提供身体模仿来帮助完成任务或者活动，那这个孩子可以模仿你的动作吗？

d. 这个孩子一般怎样表达好或者不好？如果他/她想要一样东西，想要去什么地方，等等。

H. 当你和这个孩子工作的时候，有什么是你一定会做和有什么是你一定会避免的？

1. 有什么事情你会做，会有可能增加你和这个孩子进行课程或者其他活动的可能性？

2. 有什么事情可能影响或者打断你和这个孩子进行课程或者其他活动，你会避免做？

I. 有什么事情或者东西对这个孩子来说是喜欢的？

1. 食物：

2. 玩具和其他物品：

3. 在家里的活动：

_____

_____

4. 在学校或者社区的活动：

_____

_____

5. 互动：

_____

_____

6. 其他：

_____

_____

_____

_____

J. 对于不恰当的行为，你了解多少？干预这些行为的计划有哪些？这些计划的效果如何？

	行为	这个不恰当行为有多久了？	正在实施／实施过的干预计划	干预效果
1				
2				
3				
4				
5				
6				
7				

【职业伦理】

《特殊教育专业师范生教师职业能力标准（试行）》在"综合育人能力"中指出："尊重、理解特殊儿童家长，树立家校共育意识……"

※ 任务提示

在实施家长访谈的过程中，要尊重家长的意见，保持中立的态度，客观记录。

活动 2　使用行为功能问题量表实施访谈

指导儿童家长和教师分别完成表 9-15 行为功能问题量表的访谈内容。

【步骤 1】填写观察对象基本信息

将有问题行为的儿童基本信息填写在表 9-15 中。

【步骤 2】介绍量表目的与填写规则

向儿童家长及老师介绍行为功能问题量表的目的及计分方法。

【步骤 3】指导量表填写

在儿童家长及老师填写量表时，解释每个题目的含义并澄清疑惑。

表 9-15　关于行为功能的问题

（Questions About Behavioral Function，QABF）（Paclawskyj et al.，2000）

学生姓名：　　　　　　　　日期：

行为：

填表者：

评估学生在可能发生的情况下展示行为的频率。一定要给每个行为发生的频率打分，而不是你认为的好答案。

X = 不适用　0 = 无　1= 很少　2= 有些　3= 经常

分数	序号	行为
	1	从事行为以获得注意
	2	从事行为以逃避工作或学习环境
	3	以自我刺激的形式从事行为
	4	由于不舒服而从事行为
	5	为了获取使用的物品而从事行为, 比如喜欢的玩具、食物或饮料
	6	因为他 / 她喜欢被训斥而从事该行为

续表

分数	序号	行为
	7	在被要求做某事时（穿衣服、刷牙、工作等）从事该行为
	8	如果他认为房间里没有人也会从事该行为
	9	当他／她生病时，更频繁地从事这种行为
	10	当你从他／她那里拿走某样东西时，他／她会做出这样的行为
	11	从事该行为是为了吸引别人注意自己
	12	当他／她不想做某件事的时候，从事这个行为
	13	因为没有别的事可做而从事该行为
	14	当他／她的身体受到干扰时，他／她会做出这样的行为
	15	当你有他／她想要的东西时，他／她会做出这样的行为
	16	参与这种行为，是为了从你那里得到回应
	17	参与这种行为，试图让人们离开他／她
	18	以高度重复的方式参与行为，忽略他／她周围的环境
	19	因为他／她的身体不舒服而从事这种行为
	20	当一个同伴有他／她想要的东西时，从事这种行为
	21	当他／她做出这种行为时，他／她是否像是在说"来看我"或"看着我"？
	22	当他／她做出这种行为时，他／她是否似乎在说，"让我一个人待着"或"不要再让我做这个"？
	23	他／她是否喜欢这种行为，即使周围没有人？
	24	他／她的行为是否表明他／她感觉不舒服？
	25	他／她是否在说"给我那个（玩具、食物、物品）"？

注意	逃避	非社会性	身体的	有形实物
1.注意	2.逃脱	3.自我刺激	4.疼痛	5.获取某个东西
6.训斥	7.做某事	8.想要独处	9.生病的时候	10.拿走某个东西
11.吸引	12.不让做某事	13.无所事事	14.身体原因	15.你有某个东西
16.反应	17.独处	18.重复的	19.不舒服	20.同伴有某个东西
21."来看看"	22."别打扰"	23.自我享受	24.不舒服	25."给我"
分数	分数	分数	分数	分数

【职业伦理】

《特殊教育专业师范生教师职业能力标准（试行）》在"综合育人能力"中指出："掌握人际沟通的基本方法，积极主动与学生、家长、社区等进行有效交流。"

> ※ 任务提示
>
> 　　在为家长解释量表的过程中要耐心，尽量用通俗易懂的语言代替艰涩难懂的专业术语，有助于家长理解。

活动 3　使用 ABC 轶事记录表直接观察问题行为

　　依据活动 1 和活动 2 中的访谈情况，确定问题行为的直接观察情境并使用 ABC 轶事记录表进行观察，将观察结果填写在任务 2 中的记录单中。

👥要点示范

表 9-16　ABC 轶事记录范例

时间	做什么活动 / 和谁在一起	行为发生前的事情	出现的行为	行为后果	个体反应	他人反应
8：05	与老师一起；老师要求孩子把泡泡瓶放到老师的手里	老师把泡泡瓶放到孩子面前的桌子中间	打头	老师说："放到我手里"。	推开泡泡	老师拿走泡泡

【职业伦理】

《特殊教育专业师范生教师职业能力标准（试行）》在"师德践行能力"中指出："公正、平等、积极地对待每一名学生，关注学生成长，保护学生安全……"

※ 任务提示

　　直接观察的过程，若特殊儿童的问题行为会威胁到自己或他人的安全，适可而止。

任务评价

　　任务完成后，依据表 9–17 对学习过程进行评价。

表 9–17　"实施问题行为观察"任务评价表

指标	内容		分值	自我评价	组内互评	教师评价
任务准备		观看微课	10			
		完成自学反馈	5			
任务实施	活动1	完整十个部分的访谈	15			
		访谈记录完整	10			
	活动2	量表规则解释准确	10			
		量表内容解释清晰无误导	10			
	活动3	ABC 记录客观翔实	10			
		观察过程中注重保护儿童安全	10			
协作学习		积极参与	5			
		按时完成	5			
		协商合作	5			
		反思改进	5			
合计			100			
综合评价	自我评价（30%）		组内互评（40%）	教师评价（30%）		总分

技能加油站

　　广义的问题行为功能评估包含三个部分，分别是通过访谈进行间接观察、使用

ABC 轶事记录进行直接观察以及行为功能实验分析。行为功能实验分析需要经过培训的专业人士实施。这是因为行为功能实验分析需要透过对环境的系统操作，发现问题行为与环境之间的功能关系。

在行为功能实验分析之前，需要明确问题行为的各种不同表现，并针对可能有危险的行为事先做好安全防护措施。在行为功能实验分析中，会设置五个情境，分别为获取关注情境、获取实物情境、逃避情境、独处情境和玩玩具情境（控制情境）。每个情境的持续时间为 5 分钟。一个功能分析是否会产生有帮助的结果，取决于功能分析情境与问题行为发生的自然情境的关联性、相似性是否有密切关系。

任务 4 解读观察记录结果

任务目标

1. 能解读行为功能评估访谈结果。

2. 能解读行为功能问题量表结果。

3. 能解读问题行为轶事记录结果。

任务描述

活动 1 汇总访谈信息，初步形成行为功能的假设。

活动 2 比较多方信息，进一步确认行为功能的假设。

活动 3 汇总直接观察结果，最终确定行为功能的假设。

任务准备

【知识储备】

扫码学习解读观察结果的基础知识。

微课	解读观察结果——多管齐下	PPT	解读观察结果——多管齐下

任务实施

活动 1 汇总访谈信息，初步形成行为功能的假设

【步骤 1】审查访谈信息是否全面

行为功能评估访谈结果是否包含以下十个部分？填写表 9–18。

表 9-18 行为功能评估访谈检核表

序号	内容	是否包含
第一部分	问题行为	□是 □否
第二部分	找到潜在的环境因素	□是 □否
第三部分	找到前因因素	□是 □否
第四部分	找到后果因素	□是 □否
第五部分	问题行为的有效程度	□是 □否
第六部分	寻找儿童已经具备的恰当的沟通替代行为	□是 □否
第七部分	寻找儿童现使用的沟通方法	□是 □否
第八部分	寻找可能的有效的策略和无效的策略	□是 □否
第九部分	寻找儿童的偏好物,确定可能的奖励	□是 □否
第十部分	确定问题行为的历史及曾经使用过的处理策略	□是 □否

【步骤 2】分类归纳问题行为

围绕问题行为发生的前因、环境事件、问题行为表现及维持的后果进行归纳,填在表 9-19 中。

表 9-19 问题行为脉络

环境事件	前因	问题行为	维持效果 / 功能

👥 要点示范

表 9-20 儿童抢夺行为脉络

环境背景	行为前	行为表现	行为后
桌面手工环节	小 C 想要的蓝色画笔在别人手里	小 C 抢夺画笔	小 C 得到蓝色画笔进行画画 / 获得有形实物

【步骤3】依据表9-19的汇总，提出行为功能假设

当_____发生时，儿童_____，以便_____。特别是_____，_____更容易发生，因此，问题行为可能的功能是_____。

👥**要点示范**

当<u>妈妈送入园并离开</u>时，<u>豆豆尖叫和哭闹</u>，以便<u>和妈妈多相处一点</u>。特别是，<u>妈妈工作忙，陪伴少</u>，<u>尖叫和哭闹的问题行为</u>更容易发生。因此，问题行为可能的功能是<u>获得妈妈的关注</u>。

活动2 比较多方信息，进一步确认行为功能的假设

【步骤1】收集多方的行为功能问题量表结果

【步骤2】统计多方的行为功能问题量表结果

按表9-21进行汇总，并以图表的方式直观呈现在下列方框中。

表9-21 行为功能问题量表结果汇总

填表人	注意	逃避	非社会性	身体的	有形实物

以图表方式呈现汇总结果：

🧑‍🤝‍🧑要点示范

表 9-22　行为功能问题量表结果汇总示范

问题行为：推倒桌上的物品、地上的垃圾筐、教室里的教具。

填表人	注意	逃避	非社会性	身体的	有形实物
孔老师	4	7	3	5	1
妈妈	6	14	4	10	6

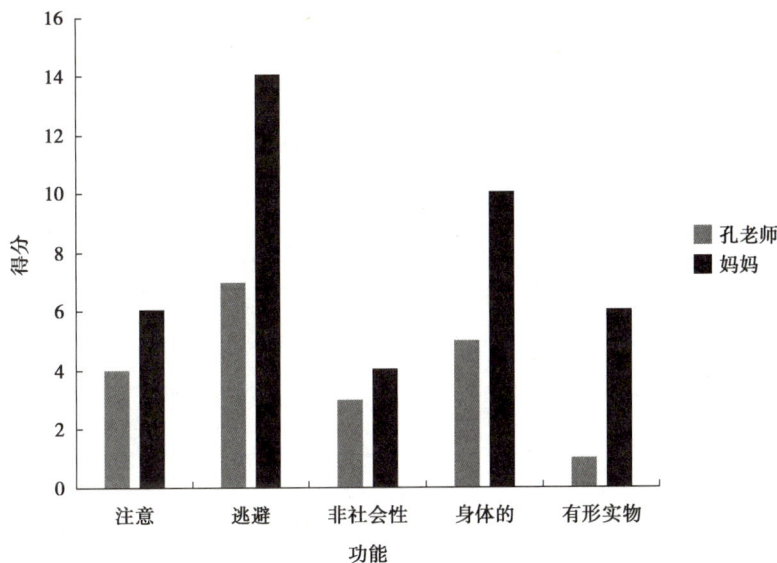

图 9-1　"推倒桌上的物品"行为儿童妈妈和老师行为功能量表结果比较

【步骤 3】初步验证行为功能的假设

对比多方的行为功能统计结果，初步验证行为功能假设。

行为功能量表统计结果显示，问题行为功能为：

初步验证问题行为功能假设成立　□是　□否

【职业伦理】

《特殊教育教师专业标准（试行）》在"家校共育"中指出："尊重、理解特殊儿童家长，树立家校共育意识，能够运用所学知识指导支持家长开展家庭教育和干预训练。"

解读特殊儿童行为的观察记录结果时，需要汇总多方信息（包括家长方），进一步确认对行为功能的假设。

活动 3　汇总直接观察结果，最终确定行为功能的假设

【步骤 1】收集原始轶事记录信息，统计问题行为发生的次数

收集原始轶事记录信息，仅将与问题行为相关的人、前事、行为、功能、行为发生的次数填入表 9-23 中。

表 9-23　ABC 轶事记录信息汇总

人	前事	行为	可能的行为功能	行为发生的次数

🧑‍🤝‍🧑 **要点示范**

表 9-24　ABC 轶事记录信息汇总示例

人	前事	行为	功能	行为发生总次数
老师	物品在桌上	推物品	逃避	20
	呈现指令	推物品	逃避	1
	看到物品	打头	逃避	1
	独自玩玩具	扔玩具	自动增强	2
	需求未满足	推物品	获取注意	2

【步骤 2】按行为功能统计，确定最可能的行为功能

根据前面统计的行为发生次数，计算每一种行为功能可能的百分比，并填入表 9-25 中。

表 9-25　行为功能百分比统计

行为	功能	百分比 /%

要点示范

表 9-26　行为功能百分比统计示例

行为	功能	次数	百分比 /%
推、扔物品	逃避	20	84
推、扔物品	获取注意	2	8
推、扔物品	自动增强	1	8
打头	逃避	1	100

【步骤 3】按前事统计，确定最可能引发问题行为的前事

统计引发问题行为的不同前事的次数及所占百分比，填入表 9-27 中。

表 9-27　问题行为不同前事汇总

前事	总数	百分比 /%

要点示范

表 9-28　问题行为不同前事汇总示例

问题行为: 推、扔物品		
前事	总计	百分比 /%
呈现指令	3	7
独自玩玩具	3	7
物品在桌上	28	61
看到物品	4	9
老师与个案互动	4	9
需求未满足	4	9

【步骤 4】按后果统计, 确定问题行为发生后, 最可能的后果

统计问题行为发生后的不同后果, 填入表 9-29 中, 确定问题行为最可能获得的后果。

表 9-29　问题行为不同后果统计

后果	总数	百分比 /%

要点示范

表 9-30　问题行为不同后果统计示例

问题行为: 推、扔物品		
后果	总数	百分比 /%
指令移除	3	7
物品移除或远离	35	76

续表

后果	总数	百分比/%
活动继续	1	2
参与活动	1	2
物品仍然存在	4	9
要求得到满足	2	4

【步骤 5】

总结所有统计结果，确定最有可能引发问题行为的前事、儿童最希望得到的后果，进而确定行为功能假设

汇总问题行为的次数统计、前事统计、后果统计，进一步确定行为的功能为：

要点示范

综合表 9-24、表 9-26、表 9-28、表 9-30 的统计结果，当物品在桌上时，学生推、扔物品的行为更可能是为了远离和移除该物品，进而确定行为功能最可能是对物品的逃避。

【职业伦理】

《特殊教育专业师范生教师职业能力标准（试行）》在"教学实践能力"中指出："能够初步运用合适的工具与方法，评估学生身心发展水平与特殊教育需要……"

> ※ 任务提示

在汇总问题行为的各项数据中，需熟悉基本的数据统计工具与方法。

任务评价

任务完成后，依据表 9-31 对学习过程进行评价。

表 9–31　"解读问题行为观察结果"任务评价表

指标	内容		分值	自我评价	组内互评	教师评价
任务准备	观看微课		10			
	完成自学反馈		5			
任务实施	活动1	访谈检核完整	5			
		问题行为分类归纳准确	10			
		问题行为功能假设表述正确	10			
	活动2	量表结果统计准确	10			
		图表绘制合理	10			
	活动3	轶事记录信息汇总准确	10			
		行为功能、后果、前事统计准确	10			
协作学习	积极参与		5			
	按时完成		5			
	协商合作		5			
	反思改进		5			
合计			100			
综合评价	自我评价（30%）	组内互评（40%）	教师评价（30%）		总分	

⭐技能加油站

在进行问题行为功能分析时，通常会将结果绘制成图表，使用视觉分析可以确认问题行为的功能。在行为功能分析的获取关注情境、获取实物情境、逃避情境、独处情境中，如果某一情境与控制情境（自由玩玩具情境）相比，问题行为的水平始终较高，可以表明在该情境下存在的环境变量可能维持了儿童的问题行为。但是，很少有研究讨论视觉分析对功能分析结果解释的准确性和可靠性。

由于功能分析是在受控的实验室中进行的，评估环境与真实的自然环境之间可能有些差异，这会给评估的生态有效性带来影响。因此可以考虑在自然环境中进行评估或者将自然环境中的家长、同伴或照顾者纳入评估环境中。

任务 5　提供适宜支持

📋 任务目标

1. 能够根据行为功能的假设创建竞争行为路径图。

2. 能够制订问题行为的环境事件策略。

3. 能够制订问题行为的前置预防策略。

4. 能够制订替代行为和理想行为的教导策略。

5. 能够制订替代行为、理想行为、问题行为的后果策略。

6. 能够根据情境创建全面正向行为干预计划。

📋 任务描述

活动 1　创建竞争行为路径图。

活动 2　创建全面正向支持干预计划。

📋 任务准备

【知识储备】

扫码学习促进融合、多动症、孤独症和智力障碍的基础知识。

微课	促进融合——提供适宜支持	PPT	多动症——提供适宜支持
PPT	孤独症——提供适宜支持	PPT	智力障碍——提供适宜支持

📋 任务实施

活动 1　创建竞争行为路径图

【步骤 1】创建问题行为总结陈述图

从问题行为发生的环境，前因、问题行为、维持后果，形成总结陈述图，填入下列方框内。

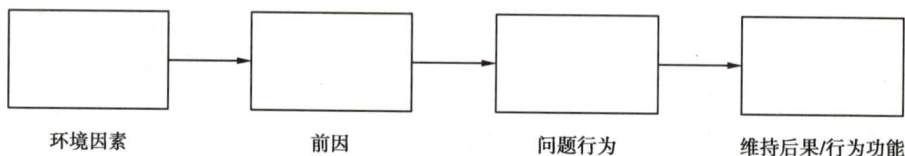

环境因素	前因	问题行为	维持后果/行为功能

总结陈述图（建立在 O'Neill et al.（2015）上）

👥 要点示范

小 C 在幼儿园的生活和学习中，遇到想要的物品/玩具，会直接上手抢夺。例如：在桌面手工活动中，看到想要的彩笔/手工材料在其他小朋友手中，小 C 会马上过去，直接抢过来。小 C 有严重的睡眠障碍，如果前一天晚上没有睡好，第二天在疲惫状态下，在游戏和活动中保持等待的时长明显减少，抢夺行为会明显增加。

案例来源：梦翔儿童发展中心

根据任务 3 和任务 4 的功能行为评量，确认小 C 的问题行为功能是获得有形实物。根据行为功能陈述，填写总结陈述图。

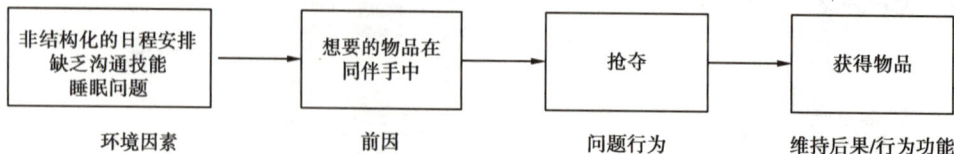

非结构化的日程安排 缺乏沟通技能 睡眠问题	想要的物品在 同伴手中	抢夺	获得物品
环境因素	前因	问题行为	维持后果/行为功能

【步骤 2】创建初始的解决方案

根据总结陈述图，设计包含替代行为、理想行为以及相应维持后果的解决方案，形成竞争行为路径图，填入下列方框中。

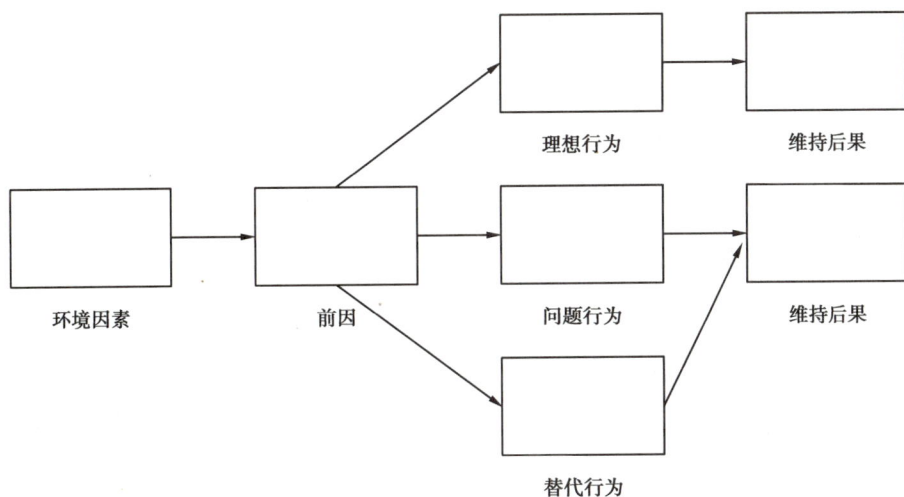

		理想行为		维持后果
环境因素	前因	问题行为		维持后果
		替代行为		

要点示范

从上述总结陈述图中，可以教导替代行为为口语表达要求，替代与问题行为功能一致。从长远来看，小 C 还需要被教导理想行为、轮流等待的能力，能与同伴共同使用活动材料。

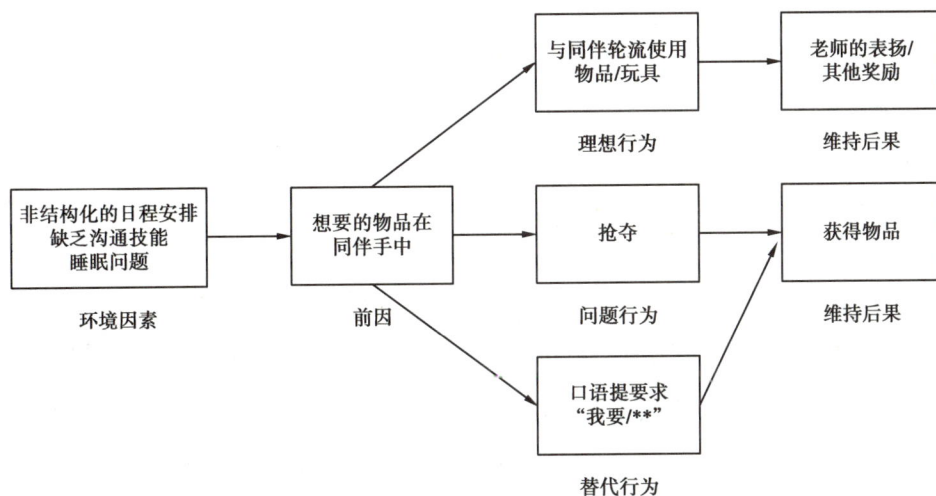

		与同伴轮流使用 物品/玩具		老师的表扬/ 其他奖励
		理想行为		维持后果
非结构化的日程安排 缺乏沟通技能 睡眠问题	想要的物品在 同伴手中	抢夺		获得物品
环境因素	前因	问题行为		维持后果
		口语提要求 "我要/**"		
		替代行为		

活动 2　创建全面正向支持干预计划

请根据实际情境，结合竞争行为路径图，筛选环境事件策略、前因策略、教学策略、后果策略，制订全面正向行为干预计划，填入表 9–35 中。

【步骤 1】制订环境事件策略

从消除和减少环境事件的可能性、抵消事件的影响、使环境事件失去与问题行为的相关性等方面开展头脑风暴，制订可能的环境事件策略。

策略 1：消除和减少环境事件的可能性

√解决生理和健康问题：充足的睡眠、健康的身体、美味的早餐、按时服药……

√使用视觉计划表，提高一日流程的可预见性

√提供视觉提示促进好行为

策略 2：抵消环境事件的影响

√跟随孩子的引导：将儿童的喜好添加到环境中，让环境变得有趣。

√做选择：让儿童选择活动的内容、方式、材料。

√提前满足：行为的功能为获取关注、食物、物品或活动时，可以在前因出现之前尽量满足孩子的要求，降低孩子的欲望。

√在重大转换 / 改变前，提前告知，增加预见性。

√执行冷静流程（例如深呼吸，慢慢数）。

【步骤 2】制订前因策略

从以下方面开展头脑风暴，制订预防策略，改变引发问题行为的直接诱因，从而预防问题行为的发生。

策略 1：对期待的行为和替代行为提供增强线索和提示，引发期待行为 / 替代行为，以此减少问题行为的发生。

√使用视觉三期后效关联图，让儿童直观感受恰当行为和问题行为的后果。

√有效的请求：用适合儿童年龄的、简洁和清晰的方式表达期望儿童怎么做。

√提前纠正：在儿童准备进入可能出现问题行为的情景前，提示做出好行为的辅助或者示范。

如：进行手工任务前，提前告诉学生如果想要的蓝色彩笔在别人那里，可以跟同伴说："我能用一下蓝色的彩笔吗？""我想用一下蓝色的彩笔。"

√使用正向关联的短语：正面陈述学生需要做的事情和做完后能得到的结果，可以结合视觉提示。

如：先听老师讲故事，再玩玩具。

√安全信号：使用口头提示、视觉提示、计时器或闹钟，告诉儿童难以忍受的事情很快就会过去了，增强其忍耐力。

例如：再等 5 分钟就结束了

策略 2：移除或减弱引发问题行为的线索 / 信号。

√避免使用不对或其他特别的引发语言：将"错了，不对"改为"再试一试""没关系""加油"。将"你应该……"改为"我建议……你试试……"改变任务的呈现方式，通过简化、分解，调整课程或任务，与儿童的能力相匹配。

如：对于手部力量不够强大的儿童，可以提供容易拼插的大颗粒积木。

【步骤 3】制订教导策略

1. 制订教导替代行为的策略

策略 1：功能性沟通训练：教导一个沟通性的替代行为，该行为与问题行为的功能是一致的，以达到让儿童得到与问题行为同样后果的目的。

表 9-32 不同行为功能与对应的功能沟通方式举例

行为功能	功能性沟通方式举例
获得有形物	"我要蓝色的彩笔。" "我还想再画 5 分钟。"
获得关注	"看我这。" "老师，我画得漂亮吗?"
逃避	"我要休息。" "我想先去洗手间。"

策略 2：选择恰当的玩具 / 游戏活动，满足相应的感官刺激，替代自我刺激行为。

如：用搓橡皮泥的活动，替代频繁搓手的自我刺激行为。

2. 制订教导理想行为的策略

策略 1：教导活动和常规中需要表现的行为和技能。

如：班级活动和活动之间的转衔，集体活动中的安坐和注意力，遵守游戏规则，服从老师的指令，轮流等待等社交技能。

策略 2：对于逃避功能的问题行为，进行耐受力训练，促进配合能力。

【步骤 4】制订后果策略

分别为替代行为、理想行为、问题行为提供恰当的后果。

策略 1：强化替代行为。

替代行为出现，提供满足行为功能的后果。（如：学生口语说"我要蓝色的彩笔"，马上给予学生蓝色的彩笔）

策略 2：强化理想行为。

找到学生的强化物，当理想行为出现后，提供相应的强化物。

策略 3：消退 / 惩罚问题行为。

策略 4：问题行为升级到危险 / 危害程度，使用紧急程序。

要点示范

根据活动 1 中的竞争行为路径图，创建全面正向支持干预计划。

表 9-33　正向行为支持干预计划示例

环境事件策略	前因预防策略	教学策略	后果策略
1. 保证充足的睡眠； 2. 提供视觉流程图，安排结构化的日程 / 活动流程； 3. 教室内提供好行为和坏行为的视觉提示（与同学一起玩玩具是好行为，抢夺物品是坏行为）； 4. 提升沟通技能	提前纠正（在游戏 / 任务开始前，告知学生用口语说"我要……"）	1. 使用功能性沟通训练，教导口语提要求"我要……"）； 2. 教导对强化物的等待技能； 3. 教导轮流	1. 学生用口语表达所要的物品，给予该物品； 2. 学生出现等待行为，老师给予社会性夸奖； 3. 学生与同学轮流使用物品/玩具给予代币。集齐代币，兑换后备强化物

表 9-34　正向行为干预计划

环境事件策略	前因预防策略	教学策略	后果策略

【职业伦理】

《特殊教育专业师范生教师职业能力标准（试行）》在"学科素养"中指出："了解与所教学科或所服务类型相关的特殊教育康复训练和行为干预等基本知识与方法，并能在教育实践中正确加以运用"；"综合育人能力"中指出："……基本掌握积极行为支持和心理辅导的方法……"

※ 任务提示

作为融合教师，面对不同类型的特殊儿童的问题行为，需要学习系统的行为干预知识，特别是正向行为支持技术。

任务评价

任务完成后，依据表9-35对学习过程进行评价。

表 9-35　"提供适宜行为支持"任务评价表

指标	内容	分值	自我评价	组内互评	教师评价
任务准备	观看微课	10			
	完成自学反馈	5			
任务实施	完成竞争行为路径图	15			
	制订全面正向行为干预计划，包含环境策略、前因策略、教学策略、后果策略	30			
	支持策略符合目标行为和情境	10			
	支持步骤完整、无误	10			
协作学习	积极参与	5			
	按时完成	5			
	协商合作	5			
	反思改进	5			
合计		100			
综合评价	自我评价（30%）	组内互评（40%）	教师评价（30%）		总分

技能加油站

正向行为支持（Positive behavior support，PBS），是应用行为分析（Applied Behavior Analyses，ABA）领域中的一门应用科学，也是运用教学的方法拓展个体的行为技能，采用系统改变的方法重新构建个体的生活环境，以此最小化个体的问题行为并改善其生活质量的干预技术。正向行为支持的核心特征是着眼于持续、长久的效果，系统改变，团队协作等原则，重视预防，并基于个体的行为功能开展干预。具体的干预层面一般包括调整生态环境，控制前事，教导正向替代行为和理想行为，安排有效行为后果四个方面。同时，教师还应根据最少侵入和限制原则，制订相应的危机处理方案，如必要时采用身体限制（physical restraint）策略阻止其自伤行为的延续。此外，应用行为分析中有关行为干预的具体方法也为正向行为支持提供了技术上的支撑。如增加个体良好行为的强化技术、塑造、连锁、代币制、辅助及辅助撤退等，以及有助于减少问题行为的消退、区别强化等方法，都被正向行为支持所吸收。这些技术的应用，最终目的都是让个体减少不当行为的同时，习得更多恰当的行为，从而更好地适应生活，适应社会。

参考文献

［1］John O Cooper，Timothy E Heron，William L Heward．应用行为分析［M］美国展望教育中心，译．武汉：武汉大学出版社，2012.

［2］ROANE H S, FISHER W W, CARR J E. Applied behavior analysis as treatment for autism spectrum disorder［J］．The Journal of Pediatrics, 2016, 175: 27–32.

［3］萨特勒．儿童评价［M］．陈会昌，校译．北京：中国轻工业出版社，2008.

［4］奥拉莉·麦卡菲．怎样评价幼儿才有效：评价和指导儿童发展与学习的策略（原著第六版）［M］．李冰伊，霍力岩，译．北京：中国轻工业出版社，2018.

［5］蔡春美，洪福财，邱琼慧，等．幼儿行为观察与记录［M］．2版．上海：华东师范大学出版社，2020.

［6］曾振华．幼儿园融合教育现状及对策［J］．江苏教育研究，2023（07）：82–86.

［7］凤华，周婉琪，孙文菊，等．自闭症儿童社会—情绪教育实务工作手册［M］．重庆：重庆大学出版社，2015.

［8］盖伊·格朗兰德，玛琳·詹姆斯．聚焦式观察：儿童观察、评价与课程设计［M］．梁慧娟，译．北京：教育科学出版社，2017.

［9］高宏钰，霍力岩．幼儿园教师观察能力的理论意蕴与提升路径：基于"观察渗透理论"的思考［J］．学前教育研究，2021（5）：75–84.

［10］侯素雯，林建华．幼儿行为观察与指导这样做［M］．2版．上海：华东师范大学出版社，2019.

［11］黄业钰．幼儿行为观察与记录［M］上海：华东师范大学出版社．2019.

［12］黄意舒．儿童行为观察法与应用［M］．新北：心理出版社，1998.

［13］Carole Sharman，Diana Vennis．观察儿童：实践操作指南［M］．3版．单敏月，王晓平，译．上海：华东师范大学出版社，2008.

［14］柯亮．基于结构方程模型的幼儿教师安全素养内涵体系构建及测评［J］．陕西学

前师范学院学报 , 2021, 37(2): 111–118.

［15］李晓巍 . 幼儿行为观察与案例［M］. 上海：华东师范大学出版社，2017.

［16］徐韵，阮婷，林琳，等 . 学前儿童艺术学习与发展核心经验［M］. 南京：南京师范大学出版社，2021.

［17］刘焱 . 儿童游戏通论［M］. 福州：福建人民出版社 , 2015.

［18］柳倩，周念丽，张晔 . 学前儿童健康学习与发展核心经验［M］. 南京：南京师范大学出版社，2016.

［19］石腾峰 . 野趣建构游戏中幼儿合作行为的观察解读：以"蜘蛛警察"为例［J］. 幼儿 100(教师版), 2021(7): 63–65.

［20］孙玲，殷娴，韩燕 . 幼儿行为观察与分析［M］. 修订版 . 长沙：湖南师范大学出版社，2021.

［21］沃伦·R. 本特森 . 观察儿童：儿童行为观察记录指南［M］. 2 版 . 于开莲，王银玲，译 . 人民教育出版社 .2016.

［22］谢正立，邓猛 . 论融合教育教师角色及形成路径[J]. 教师教育研究, 2018 , 30(6)：25–30.

［23］Brooke Ingersoll, Anna Dvortcsak. 自闭症儿童社交游戏训练：给父母及训练师的指南［M］. 郑铮，译 . 北京：中国轻工业出版社，2012.

［24］昝飞 . 积极行为支持：基于功能评估的问题行为干预［M］. 北京：中国轻工业出版社 , 2013.